AF214633

Leben mit Gott

Wo das Leben Wurzeln schlägt

Christliche Erzählungen für Herz und Seele (Band 2)

tredition

© 2025 Toilettenkönig
Geschrieben unter dem Pseudonym Toilettenkönig, ein Erzähler des Alltäglichen mit Blick zum Himmel.

Druck und Distribution im Auftrag des Autors:
tredition GmbH, Heinz-Beusen-Stieg 5, 22926 Ahrensburg, Germany

Kontaktadresse nach EU-Produktsicherheitsverordnung:
impressumservice@tredition.com

ISBN
Paperback   978-3-384-60206-0
Hardcover   978-3-384-60207-7
e-Book   978-3-384-60208-4

Inhaltsverzeichnis

Vorwort

Alle Geschichten in diesem Buch sind frei erfunden.
Sie entspringen der Vorstellungskraft und erzählen von etwas, das tiefer reicht als jede reale Begebenheit:
Von der Sehnsucht des Menschen nach Gott und von Gottes Suche nach uns.

Die Figuren, die dir hier begegnen, gibt es nicht wirklich. Aber ihre Fragen, ihre Kämpfe, ihre Hoffnungen, die könnten auch deine sein. Und der Gott, dem sie auf oft unerwartete Weise begegnen, ist kein literarisches Konstrukt.
Er ist lebendig. Wirklich. Gegenwärtig.

Diese Geschichten wollen nicht erklären, sondern berühren. Sie erzählen von Alltagssituationen, in denen sich das Unsichtbare zeigt, von inneren Prozessen, in denen der Glaube Form annimmt, von Momenten, in denen Menschen, manchmal zögernd, manchmal staunend, Jesus begegnen.

Denn wenn es einen Weg zum Vater gibt, dann führt er allein über Ihn: Jesus Christus, den Sohn Gottes. Er ist der rote Faden, der sich durch jede dieser Erzählungen zieht, mal leise, mal deutlich, aber immer als das Herzstück der Wahrheit, die diese Geschichten durchdringt.

Mögest du beim Lesen nicht nur neue Welten entdecken, sondern vielleicht auch eine neue Tiefe in deiner eigenen. Und möge der Ware und einzige Gott selbst dir darin begegnen.

Die Bank im Stadtpark

Der Rhythmus der Stille

Er kam jeden Morgen zur selben Zeit. 8:15 Uhr. Nicht 8 Uhr, nicht halb neun. Immer genau um 8:15 Uhr.

Sein Schritt war ruhig, gemessen. Kein Hasten, kein Stolpern. Als wäre er längst Teil dieses Ortes geworden, nicht bloß Besucher. Die Tauben am Brunnen rührten sich kaum, wenn er vorbeiging. Die ersten Hundebesitzer nickten ihm zu. Manche kannten ihn vom Sehen, keiner vom Namen.

Die Bank, auf der er saß, war nicht besonders schön. Das Holz war an den Kanten abgescheuert, die grüne Farbe blätterte ab. Doch für ihn war sie wie ein Zuhause im Draußen. Dritter Balken von links, dort legte er seine Hand ab. Immer dieselbe Stelle. Als würde er damit den Tag begrüßen.

Er trug einen Mantel, der schon bessere Jahre gesehen hatte, und einen alten Hut, den er im Sommer abnahm und im Winter tiefer ins Gesicht zog. Manchmal hatte er eine Thermoskanne dabei. Manchmal ein altes Buch, das er nie las. Meistens nur seine Hände im Schoß.

Er sprach nicht. Nie laut. Nur manchmal bewegten sich seine Lippen, ganz leicht. Als würde er den Tag flüsternd umarmen. Niemand hörte ihn. Und doch wurde er gehört.

Denn der alte Mann betete. Für jeden, der vorbeiging. Nicht mit erhobenen Händen. Nicht mit sichtbarer Frömmigkeit. Sondern mit der stillen Entschiedenheit eines Menschen, der wusste, dass Gott nicht schreit. Sondern da ist.

Für das Schulkind mit dem übergroßen Ranzen. Für die Mutter, die mit zu viel Müdigkeit im Gesicht und zu wenig Hoffnung im Blick den Kinderwagen schob. Für den Geschäftsmann, der in sein Handy fluchte. Für die alte Dame mit der Einkaufstasche, die immer schwerer zu tragen schien.

Er sah sie an, nicht aufdringlich, sondern warm. Und in seinem Inneren sprach er: „Sieh sie, Herr Jesus. Du weißt, was sie schweres tragen."

Die Welt eilte an ihm vorbei, mit Kalendern, Kopfhörern und Kaffebecherdeckeln. Aber er blieb. Wie ein Baum. Nicht trotzig. Sondern tief verwurzelt.

Ein Mann, der nichts forderte, nichts erklärte. Aber in der Stille etwas hielt, das größer war als er selbst. Und vielleicht spürte der Park das. Denn zwischen all dem Lärm lag hier etwas anderes:

Ein Rhythmus.

Ein Warten.

Ein Gebet.

Kleine Zeichen

Die meisten Menschen sahen ihn nicht. Nicht wirklich. Er war einer von denen, die man übersieht, ohne es zu wollen. Ein Teil der Kulisse. Wie der Mülleimer neben dem Weg. Wie das Schild mit dem Stadtplan, das niemand mehr liest.

Und doch: Manche bemerkten etwas. Nicht viel. Nicht bewusst. Eher ein Nachhall, wie das Gefühl, dass jemand einen angesehen hat, ohne dass man es benennen kann.

Ein junger Mann, der immer im Laufschritt kam, mit Musik in den Ohren und der Welt im Rücken, verlangsamte sein Tempo, sobald er die Bank passierte. Ohne zu wissen, warum.

Eine Frau, die sonst den Blick gesenkt hielt, schaute eines Morgens kurz auf, als sie an ihm vorbeiging. Der alte Mann hatte gelächelt. Nicht auffällig. Nur mit den Augen.

Ein Kind im roten Regenmantel, das auf dem Laufrad vorbeisauste, rief laut: „Da ist der Opa wieder!" Die Mutter errötete. „Entschuldigen Sie bitte…" Der Mann nickte nur. Und betete in seinem Herzen: „Behüte sie, Herr Jesus. Und das, was sie nicht zeigt." Es waren kleine Momente. Fast unsichtbar. Aber sie passierten. Immer wieder.

Eine junge Frau blieb eines Tages kurz stehen, nestelte am Riemen ihrer Tasche, als würde sie etwas suchen, vielleicht nur einen Vorwand, um kurz nicht weiterzumüssen. Der alte Mann sah sie an, hob die Augenbrauen ein wenig, als würde er sagen: Du darfst atmen. Sie ging weiter. Und atmete tatsächlich ein bisschen tiefer.

Und dann war da noch der Hund, der sich immer zu seinen Füßen legte. Der Besitzer schimpfte jedes Mal. „Komm jetzt, Max!" doch der Hund rührte sich nicht. Erst nach einem leichten Nicken des Alten sprang er auf, als hätte er einen Auftrag erfüllt.

Er sagte nie viel, der Mann. Aber seine Gegenwart war wie ein Gebet, das man nicht hörte, und doch veränderte. Denn das Gebet hatte ihn durchdrungen. Nicht nur zu Gott gesprochen, sondern ihn geformt.

In Geduld.

In Freundlichkeit.

In einem inneren Wissen: dass Gott da war. Und handelte. Auch wenn niemand es sah. Noch nicht. Sein Glaube war nicht laut. Aber verwurzelt. Und manchmal, ganz selten, wehte etwas von dieser Wurzelkraft durch den Park. Wie ein Hauch. Wie ein stiller Trost.

Ein Getriebener

An einem Dienstag kam ein Neuer.

Er war nicht wie die anderen. Nicht wie die, die im Vorübergehen grüßten oder mit gesenktem Blick vorbeihasteten. Dieser junge Mann kam nicht vorbei, er blieb stehen. Er wirkte, als hätte er sich selbst nicht recht erklären können, warum.

Sneaker, schwarzer Hoodie, die Kapuze tief ins Gesicht gezogen. Eine dieser Umhängetaschen, die zu schwer aussahen für das, was man darin trug. Sein Blick war flüchtig, suchend, gleichzeitig abweisend. Als wollte er nicht gesehen werden, und hoffte doch, dass jemand es tat.

Er blieb drei Meter vor der Bank stehen. Schaute auf das Holz, auf den alten Mann, der wie immer dort saß, ruhig, unbewegt, ein Teil der Landschaft.

Dann setzte er sich. Zögernd.

Ganz außen, als würde der Kontakt gefährlich sein. Der alte Mann drehte den Kopf leicht, nicht zu schnell, nicht fragend. Nur ein kurzes Nicken. Freundlich. Empfangend. Dann richtete er den Blick wieder nach vorn.

Sie saßen da. Minutenlang.

Der eine mit Händen im Schoß. Der andere mit Beinen, die nervös auf- und abwippten. Kein Wort. Kein Blick. Kein Urteil. Nach sechs Minuten stand der Junge auf. Ein angespannter Seufzer. Dann verschwand er.

Am nächsten Tag war er wieder da. Diesmal setzte er sich ohne zu zögern. Gleicher Platz. Gleicher Abstand. Kein Gruß. Nur Schweigen.

Doch sein Bein wippte nicht mehr. Und er blieb neun Minuten. Am dritten Tag murmelte er ein unverständliches „Morgen", als er sich hinsetzte. Der alte Mann nickte. Einfach so. Als würde das genügen. Er blieb fast zwanzig Minuten. Es ging nicht schnell. Und doch veränderte sich etwas.

Jeden Tag blieb er länger. Die Schultern weniger hochgezogen. Der Blick ruhiger. Die Hände offener. Es war nichts, was man auf einem Foto gesehen hätte. Und doch war da Bewegung. In der Stille. In ihm. Vielleicht war es nur die Bank. Vielleicht war es die Gegenwart eines Menschen, der nicht fragte. Nicht drängte. Nicht fliehen wollte.

Vielleicht war es Gott. Der auch bleibt.

Stille Nähe

Er begann nicht mit einer Geschichte. Nicht mit einem Geständnis. Sondern mit einem Satz, der fast im Wind verloren ging.

„Meine Mutter redet kaum noch mit mir."

Der alte Mann reagierte nicht sofort. Er sah nicht überrascht aus, auch nicht neugierig. Er war einfach da. Gegenwärtig. Still. Der Junge sagte nichts weiter an diesem Tag. Er starrte auf den Kiesweg vor sich, zog kleine Linien mit dem Schuh. Dann stand er auf.

Aber er kam am nächsten Tag wieder. „Ich glaub, ich hab meinen Vater nie wirklich gekannt", sagte er, ohne Begrüßung, ohne Zusammenhang. Der alte Mann nickte nur leicht. Kein Mitleid. Kein Rat. Nur ein stilles: Ich höre dich. Und so ging es weiter. Satz für Satz. Tag für Tag. Nicht chronologisch. Nicht geordnet. Eher wie ein Puzzlespiel, bei dem man nicht weiß, was es am Ende zeigen soll.

„Ich hatte mal eine Freundin…". „Manchmal fühl ich mich, als wär ich durchs Leben gefallen und niemand hat's gehört". „Ich hab kein Ziel. Nicht mal Wut. Nur… Lärm im Kopf".

Der Alte hörte zu. Mit einer Geduld, die nicht auf Antwort wartete. Mit einer Aufmerksamkeit, die nichts erklären wollte. Nur aufnehmen. Er stellte keine Fragen. Er kommentierte nichts. Aber er wich nicht zurück. Und manchmal, wenn der Junge mitten im Satz abbrach, weil die Worte stockten oder weil die Stille zu viel wurde, dann sagte der alte Mann etwas. Nicht viel. Nur einen Satz.

„Du musst nicht stark sein, um gesehen zu werden."

Oder:

„Manchmal sind die lautesten Menschen die, die am meisten allein sind."

Doch der eine Satz, der blieb, kam ganz unvermittelt. An einem besonders grauen Tag, als der Regen in feinen Tropfen vom Himmel hing wie unausgesprochene Fragen. Der Junge hatte gesagt: „Ich versteh nicht, warum ich überhaupt herkomme. Es ist ja nicht so, als würde was passieren." Der Alte schwieg kurz. Dann sah er ihn an. Direkt. Freundlich. Und sagte:

„Manchmal reicht es, wenn einer da ist und bleibt."

Der Junge schluckte. Sah weg. Tat, als hätte er's nicht gehört. Aber er kam am nächsten Tag wieder. Und blieb. Etwas länger.

Was wächst, wenn keiner hinsieht

Es war nichts Offensichtliches. Keine neue Frisur, kein anderer Tonfall, kein Lächeln, das plötzlich alles veränderte. Und doch: Wer genau hinsah, oder besser: hinschaute, wie der alte Mann, der bemerkte es.

Der Junge kam inzwischen jeden Tag. Immer zur selben Zeit. Manchmal mit einem Kaffee in der Hand, den er dem Alten reichte, ohne etwas zu sagen. Manchmal mit leeren Händen. Aber nie mehr mit leerem Blick. Er sprach nicht mehr so sprunghaft. Seine Sätze wurden ruhiger. Manchmal blieb er einfach nur sitzen. Ohne erklären zu müssen, warum.

Einmal kam er, setzte sich und sagte gar nichts. Fünfundvierzig Minuten lang. Und als er ging, meinte er nur: „Es war ein guter Tag." Der alte Mann nickte. Denn das reichte. Etwas war in Bewegung. Nicht laut. Nicht sichtbar. Aber es wuchs. Wie Wurzeln. Unter der Oberfläche.

Vielleicht war es nur Vertrauen. Vielleicht war es mehr. An einem dieser stillen Vormittage, der Wind war mild, das Licht weich und matt, stellte der Junge plötzlich eine Frage. Nicht provokant. Nicht aus Trotz. Eher wie jemand, der einen Gedanken nicht mehr loswird.

„Glauben Sie eigentlich… also… an Gott?"

Der alte Mann sah ihn nicht sofort an. Er ließ die Frage kurz im Raum stehen, wie eine Feder, die sich setzen durfte. Dann antwortete er. Nicht mit einer Erklärung. Nicht mit einer Predigt. Sondern so:

„Ich glaube, weil ich jeden Tag bete. Nicht, weil ich alles verstehe. Sondern weil ich weiß, dass jemand da ist, auch wenn ich's nicht fühle."

Der Junge schwieg. Er sah auf den Kies zu seinen Füßen. Der alte Mann fuhr fort:

„Und weil ich in allem, was Wurzeln schlägt, Gottes Handschrift sehe."

Der Junge runzelte leicht die Stirn. „Wurzeln?" Der Alte lächelte. „Bäume brauchen Zeit. Und Tiefe. Man sieht lange nichts. Aber irgendwann… trägt es. Auch wenn keiner hinschaut." Der Junge sagte nichts mehr an diesem Tag. Aber als er ging, tippte er kurz an die Lehne der Bank, genau an die Stelle, wo der dritte Balken abgewetzt war. Und das war mehr als ein Abschied. Es war fast so etwas wie Dank.

Der leere Platz

Es war ein Mittwoch. Ein klarer, kühler Morgen. Die Kastanien warfen lange Schatten, der Park war stiller als sonst. Der junge Mann kam wie immer.

8:15 Uhr.

Er hatte einen Kaffee in der Hand. Für zwei. Doch die Bank war leer. Kein Mantel. Kein Hut. Keine Thermoskanne. Nur das abgeblätterte Holz. Und das Licht, das sich wie gewohnt über die Rückenlehne legte.

Er blieb stehen. Lange. Schweigend. Dann setzte er sich. Ganz in der Mitte, wo sonst der alte Mann gesessen hatte. Er hielt beide Becher fest. Schaute auf den Kiesweg vor sich. Wartete. Die Minuten vergingen. Kein Schritt näherte sich. Kein freundliches Nicken. Nur das Rascheln der Blätter und das entfernte Bellen eines Hundes.

Ein Jogger kam vorbei, nickte automatisch. Dann blieb er stehen. „Der alte Herr… ist heute nicht da?" Der Junge schüttelte langsam den Kopf. „Nein." Der Jogger runzelte die Stirn, sah sich kurz um. „Komisch. Ich hab den jeden Tag hier gesehen. Jahrelang." Dann zuckte er mit den Schultern. „Vielleicht nur erkältet."

Der Junge nickte. Aber etwas in ihm wusste: Das war kein Zufall. Er blieb noch eine halbe Stunde sitzen. Dann stellte er den zweiten Kaffee neben sich auf die Bank. Ganz vorsichtig. Wie ein Zeichen.

Und während er dort saß, spürte er: Die Stille war anders. Nicht leer. Nicht verlassen. Sie war voll. Von etwas, das geblieben war. Etwas in ihm suchte weiter. Aber nicht mehr verzweifelt. Eher wie eine Wurzel, die langsam tiefer wächst.

Der Brief

Es war Samstag. Die Kastanien warfen lange Schatten auf den Weg, und die Luft roch nach Erde und Blättern. Er kam wieder. Wie in den letzten Tagen. Mit zwei Bechern Kaffee. Einer für ihn. Einer für den alten Mann, der nicht mehr kam. Er setzte sich auf die Bank. Ganz in der Mitte. Wartete nicht auf etwas Bestimmtes. Nur auf das, was vielleicht doch noch geschah.

Und dann kam jemand.

Ein junger Mensch, kaum älter als zwanzig, dunkle Jacke, offener Blick. Er blieb stehen, sah auf den zweiten Becher. Und auf ihn.

„Der war für meinen Opa, oder?"

Der Junge drehte sich leicht zur Seite. „Wie bitte?" Der andere lächelte. „Der Kaffee. Sie haben immer zwei dabei. Opa hat von Ihnen erzählt." Der Junge blinzelte. „Sie sind sein Enkel?" Ein Nicken. „Er war jeden Morgen hier. Jahrelang. Ich weiß gar nicht, ob er je einen Tag ausgelassen hat." Der Junge atmete langsam aus.

„Ich dachte… vielleicht kommt er einfach nicht mehr."

„Er ist vor drei Tagen gestorben", sagte der Enkel leise. Nicht traurig. Aber gefasst. Einfach… ehrlich. „Aber er war bereit. Er hat gesagt, sein Leben sei voll gewesen. Still, aber voll." Dann griff er in seine Jackentasche. Zog einen gefalteten Umschlag hervor.

„Er hat mich gebeten, Ihnen das zu bringen. 'Dem mit dem zweiten Kaffee', hat er gesagt.

Er meinte, Sie würden verstehen." Er übergab den Brief. Ohne was zu sagen. Ohne erklärenden Blick. Nur mit diesem feinen Wissen, dass Worte manchmal mehr sagen als alles andere. Der Junge nahm den Umschlag. Langsam. Fast ehrfürchtig.

„Möchten Sie…", fragte er vorsichtig, „sich setzen?"

Der Enkel schüttelte den Kopf. „Nein. Das war sein Platz. Ich wollte nur noch einmal sehen, dass er gehalten hat, was er versprochen hat."

„Was denn?"

Der Enkel lächelte. „Dass irgendwo, irgendwann, jemand anfängt zu glauben."

Dann drehte er sich um und ging. Der Junge blieb zurück. Setzte sich. Öffnete den Brief.

> „Ich habe viele Jahre für Menschen gebetet. Für dich war es leicht. Denn Gott hat dich längst angesprochen. Vielleicht ohne Worte. Vielleicht nur durch Nähe. Aber ich habe es gespürt."
>
> Psalm 1,3: „Der ist wie ein Baum, gepflanzt an Wasserbächen, der seine Frucht bringt zu seiner Zeit …"

Der Junge starrte auf die Zeilen. Dann schloss er die Augen. Zum ersten Mal richtig. Nicht aus Müdigkeit. Nicht aus Leere. Sondern aus einem leisen Vertrauen heraus, dass jemand zuhört. Seine Lippen bewegten sich. Ganz langsam. Ein erstes, tastendes Gebet. Nicht perfekt. Aber echt.

„Danke, dass du mich gesehen hast. Danke, dass du nicht gegangen bist, bevor ich angekommen bin. Und wenn du da bist … dann bleib. Ich bleib auch."

Wurzeln schlagen

Ein Jahr war vergangen. Nicht plötzlich, nicht laut. Einfach: vergangen. Mit Regentagen und frühen Morgenstunden. Mit Pausen, Fragen, kleinen Schritten.

Und er kam immer noch. Nicht jeden Tag, aber oft. Meistens gegen Viertel nach acht. Der Platz neben ihm war leer. Und gleichzeitig nicht. Er hatte lange gebraucht, um zu begreifen, was da geschehen war.

Nicht einfach ein Gespräch. Nicht nur ein freundlicher alter Mann. Sondern: eine Einladung. Still. Beharrlich. Echt. In diesem einen Jahr hatte sich vieles verändert. Nicht äußerlich. Aber in ihm. Er war nicht mehr so getrieben. Nicht mehr so laut in sich selbst. Er konnte jetzt sitzen, ohne fliehen zu wollen. Schweigen, ohne zu platzen. Sein, ohne sich zu verstecken.

Er betete. Nicht täglich, nicht perfekt. Aber ehrlich.

Und manchmal sogar mitten im Gehen, leise Sätze im Kopf, die keiner hörte außer einem, von dem er jetzt glaubte, dass er wirklich da war. Er hatte begonnen, Dinge anders zu sehen. Die alte Frau, die an der Ampel zu langsam war. Der Schüler mit dem zu großen Rucksack. Der Vater mit müden Augen und schreiendem Kind.

Früher hätte er weggesehen. Heute flüsterte er manchmal: „Sei bei ihm, Vater. Du weißt, was er trägt."

Und oft war es nur ein Gedanke. Aber einer, der blieb. Wie eine Wurzel. Einmal hatte er jemandem von all dem erzählt. Nur andeutungsweise. Und gesagt: „Es war nicht viel. Nur ein alter Mann, der einfach jeden Tag da war. Und der geglaubt hat, bis ich's auch konnte." Sein Gegenüber hatte genickt.

„Klingt nach einem heiligen Moment."

Er hatte geschmunzelt. „Nein. Es war eine Parkbank."

Heute saß er wieder dort. Ein Kaffee in der Hand. Der zweite stand neben ihm, aus Gewohnheit. Oder als Zeichen. Oder falls einer vorbeikommt.

Eine junge Frau mit Kinderwagen ging vorbei. Ihr Gesicht war müde. Ihre Schultern zu schwer für diesen Tag. Er sah ihr nach. Und flüsterte, kaum hörbar:

„Bitte segne sie, Vater."

Dann schloss er für einen Moment die Augen. Atmete tief ein. Und spürte: Er war angekommen.

Nicht am Ende. Aber an einem Anfang, der trug. Wie ein Baum. Gepflanzt an Wasserbächen. Der seine Frucht bringt, zur rechten Zeit.

ENDE

Wurzeln im Asphalt

Der Innenhof

Der Morgen war grau. Nicht nur vom Himmel her, sondern auch im Gefühl. Es war einer dieser Tage, an denen selbst das Licht zu müde war, um durch die Wolken zu dringen. Jasmin stand auf dem kleinen Balkon ihrer Hochhauswohnung, den Ellenbogen auf das raue Geländer gestützt, den Blick nach unten gerichtet. In den Innenhof.

Zwischen den Betonwänden der gegenüberliegenden Häuser lag er da, rechteckig, eingekesselt, vergessen. Der Wind hatte alte Papiertüten in die Ecken geweht, die sich um ein kaputtes Kinderfahrrad klammerten wie um einen letzten Halt. Ein Einkaufswagen stand seit Tagen neben dem vergitterten Kellereingang. Irgendjemand hatte ihn mit einer Plastiktüte dekoriert, als wäre er Kunst. Dazwischen: Zigarettenstummel, leere Flaschen, ein herrenloser Schuh. Und doch: da war etwas.

In einer Ecke, fast verborgen hinter einer Mauer, die wohl irgendwann mal Sichtschutz gewesen war, wuchs etwas Grünes. Nicht wild, nicht zufällig. Jemand hatte hier gesät. Hier standen Sonnenhut und Lavendel, dazwischen Kräuter, die Jasmin nicht benennen konnte. Tomatenpflanzen, hochgebunden mit bunten Stoffstreifen, und ein kleines, wackliges Schild mit der Aufschrift „Bitte nicht rupfen, auch Pflanzen haben Gefühle".

Jasmin runzelte die Stirn. Sie hatte diesen Teil des Hofs nie wirklich wahrgenommen. Vielleicht war er ihr bisher einfach nicht aufgefallen, zu viel Alltag, zu wenig Zeit, zu viel Lärm im Kopf.

Ein dünner Windstoß wehte ihr Haar ins Gesicht. Sie wischte es fort, rieb sich über die Stirn. Die Müllabfuhr rumpelte unten vorbei, ein Hund bellte, irgendwo schrie ein Kind.

Doch ihr Blick blieb an diesem kleinen, grünen Fleck hängen. Nicht schön im klassischen Sinn. Nicht ordentlich. Aber… lebendig.

Sie nahm einen tiefen Atemzug. Es roch nicht nach Garten. Sondern nach Stadt. Nach Regen auf Asphalt, nach Abgasen, nach zu vielen Geschichten, die niemand erzählen wollte. Aber da war auch etwas anderes, ein Hauch von Minze vielleicht. Oder Einbildung.

Jasmin zog sich die Kapuze über den Kopf. Noch war sie nicht bereit runterzugehen. Noch nicht. Aber sie würde es im Auge behalten. Diesen seltsamen Ort. Diesen kleinen Garten im Beton.

Denn irgendjemand kümmerte sich.

Und irgendetwas in ihr flüsterte leise: Vielleicht ist das nicht ganz egal.

Jasmin

Jasmin war 21, aber manchmal fühlte sie sich wie 41. Oder wie 15. Je nach Tag.

Sie wohnte mit ihrer Mutter in der vierten Etage eines Plattenbaus, der wie viele andere in diesem Viertel war: grau, laut, unbemerkt. Ihre Mutter sprach kaum noch. Vielleicht, weil es nichts mehr zu sagen gab. Vielleicht, weil man irgendwann aufhörte, wenn keiner mehr wirklich hinhörte. Der Vater war schon lange weg, gegangen, als Jasmin zwölf war. Mit einem Brief auf dem Küchentisch und einem Satz, der alles offenließ: „Ich kann so nicht mehr." Was „so" bedeutete, hatte niemand erklärt. Vielleicht hatte es auch niemand gewusst.

Jasmin war geblieben. Natürlich. Wohin hätte sie auch gehen sollen?

Sie arbeitete seit zwei Jahren im Supermarkt an der Kasse. Anfangs nur zur Überbrückung, dann länger. Und irgendwann wurde „nur vorübergehend" zu einem stillen Dauerzustand. Frühschicht, Spätschicht, Sonderangebote, piepen, lächeln, abends Rückenschmerzen. Kolleginnen, die redeten, um die Leere zu übertönen. Kunden, die kamen und gingen, und nie merkten, wie sehr man sich selbst dabei verlor.

Manchmal, wenn sie nach Hause kam und ihre Mutter im Halbdunkel auf dem Sofa saß, mit dem Fernseher an und dem Ton aus, fragte sie sich, ob das jetzt einfach alles war. Nicht mit Wut. Nicht mal mehr mit Enttäuschung. Sondern mit dieser dumpfen Müdigkeit, die sich einstellt, wenn die Hoffnung zu lange schweigt.

Jasmin sprach selten über sich. Auch nicht mit sich selbst. Ihre Gedanken liefen wie auf stillen Gleisen, ohne laute Bilder, ohne klare Ziele. Es war, als hätte sich in ihr ein Nebel ausgebreitet, durch den man zwar noch gehen konnte, aber ohne zu wissen, wohin.

Und doch: Da war etwas in ihr. Etwas, das nicht ganz abgestorben war. Eine Art Restsehnsucht. Eine leise Frage. Sie wusste nicht, wie sie lautete. Nur, dass sie sie manchmal spürte, wenn sie nachts wach lag oder wenn die Sonne für einen kurzen Moment durch die grauen Vorhänge brach. Dann, wenn niemand hinsah, dann war sie da. Ganz zart.

Vielleicht nach Nähe. Vielleicht nach Echtheit. Vielleicht… nach einem Ort, wo sie nicht nur anwesend, sondern gemeint war.

Sie hätte das niemandem sagen können. Nicht mal sich selbst. Aber an diesem Morgen, als sie auf dem Balkon stand und zum ersten Mal diesen kleinen Garten im Innenhof sah, zuckte etwas in ihr.

Nicht groß.

Aber echt.

Frau Liane

Es war ein Dienstag. Spätschichtfrei. Die Sonne hatte sich einen Weg durch die Wolken gebahnt, als hätte sie beschlossen, dem Beton für einen Moment zu trotzen.

Jasmin ging zum ersten Mal in den Hof hinunter. Nicht, weil sie etwas vorhatte. Eher, weil ihr Zimmer zu stickig war und das Wohnzimmer zu leer. Sie hatte sich die Kapuze tief ins Gesicht gezogen, als wäre sie auf einem verbotenen Gelände unterwegs. Und vielleicht fühlte es sich auch ein bisschen so an. Wer geht schon freiwillig in diesen trostlosen Hinterhof?

Doch dann, dort, wo die Hauswand ein Stück Schatten warf, sah sie sie.

Eine Frau. Alt. Wahrscheinlich über siebzig, aber mit einem Gang, der nicht müde wirkte. Ihr graues Haar war zu einem lockeren Dutt gebunden, in der einen Hand trug sie eine kleine Gartenschere, in der anderen einen Jutebeutel, aus dem ein paar Karottenspitzen herausragten. Ihre Jacke war alt, aber sauber. Ihre Bewegungen ruhig. Gewohnt. Wie jemand, der wusste, was er tat, und warum.

Jasmin wollte schon zurück, einfach umdrehen, so tun, als sei sie nur kurz frische Luft schnappen gewesen.

Doch die Frau hatte sie längst bemerkt.

„Hallo, mein Kind", sagte sie sanft, ohne aufdringlich zu wirken. Ihre Stimme war warm, beinahe beruhigend. „Magst du Minze?"

Jasmin blieb stehen. Zögerte. Ihre Hand wanderte in die Jackentasche, obwohl da nichts zu tun war.

Die Frau lächelte. Nicht dieses künstliche Lächeln, das man in Geschäften oder auf Wahlplakaten sah. Sondern eines, das sich langsam aus dem Inneren aufbaute. „Minze hilft beim Denken", sagte sie. „Und beim Atmen."

Dann brach sie ein kleines Zweiglein ab und reichte es Jasmin hin.

Jasmin zögerte. Ihr Blick ging von der Pflanze zur Frau und wieder zurück. Dann streckte sie langsam die Hand aus. Ihre Finger berührten kurz die der alten Frau, sie waren warm und rau. Arbeitshände. Lebendige Hände.

„Danke", murmelte sie kaum hörbar. Oder vielleicht sagte sie es gar nicht. Vielleicht war es nur ein Gedanke, der sich wie ein Wort anfühlte.

Sie roch an der Minze. Der Duft war stark, fast zu stark. Er mischte sich mit dem Straßenstaub in der Luft, mit dem Geruch von Erde, Metall und altem Gras. Und doch war da etwas Sanftes darin. Etwas, das blieb.

Die Frau nickte, als hätte sie verstanden, was Jasmin nicht sagte. Dann wandte sie sich wieder ihren Pflanzen zu. Keine weiteren Fragen. Kein Smalltalk. Kein „Wie heißt du?" oder „Wo kommst du her?" Nur Stille. Und ein Garten, der Jasmin zum ersten Mal nicht fremd erschien.

Wurzeln

Jasmin kam wieder. Nicht aus Neugier. Und schon gar nicht, weil sie sich danach fühlte, „soziale Kontakte" zu pflegen. Es war mehr so, als würde etwas in ihr gezogen werden, leise, beständig, wie ein Wasserlauf unter der Erde, den man nicht sieht, aber spürt.

Anfangs blieb sie nur kurz. Stand am Rand, so, dass man sie fast übersehen konnte. Doch Liane sah sie. Immer. Ohne es zu sagen.

Manchmal sprach die Alte mit den Pflanzen. Nicht laut. Nicht verrückt. Eher wie jemand, der wirklich glaubt, dass da ein Gegenüber ist. Jasmin hörte einmal, wie sie sagte: „Na komm, du kriegst das hin." Und meinte damit eine schiefe Tomatenpflanze, die sich trotz aller Stützen zur Seite neigte. Ein anderes Mal streichelte sie über ein Blatt, das halb vertrocknet war, und murmelte: „Du bist noch da. Ich seh dich."

Wenn Liane Unkraut zupfte, tat sie es nicht hastig. Nicht mit diesem genervten Zug, wie Jasmins Mutter, wenn sie die Krümel vom Küchentisch wischte. Nein, Liane arbeitete mit Sorgfalt. Ihre Finger glitten über die Erde, als würde sie spüren wollen, was da unten lebt. Und wenn sie etwas herauszog, dann tat sie es, als würde sie sich entschuldigen. Als sei selbst das Entfernen ein Teil des Achtens.

Einmal, als Jasmin sich näher wagte, einen Schritt, dann noch einen, sah sie, wie Liane ein kleines Grasbüschel in der Hand hielt. Sie drehte es zwischen den Fingern und sagte leise, ohne aufzusehen: „Alles hat seinen Platz. Wenn man es lässt."

Jasmin antwortete nicht. Aber irgendetwas in ihr hielt den Satz fest, wie ein Samenkorn in der Tasche. Unbemerkt. Und doch da.

Von da an kam sie fast täglich. Manchmal am frühen Abend, manchmal mittags, wenn sie eine Stunde zwischen Schichten hatte. Sie brachte nichts mit, tat nichts, sagte oft nicht mal „Hallo". Aber sie war da. Und das reichte.

Liane drängte nicht. Sie erzählte gelegentlich, was sie pflanzte, wie die Erde sich veränderte, dass der Dill sich dieses Jahr schwer tat und der Basilikum „wieder auf seine eigene Art rebelliert". Jasmin nickte manchmal. Oder sie zuckte mit den Schultern. Aber sie hörte zu.

Sie begann, die Pflanzen zu erkennen. Die Ringelblume mit dem krummen Stiel. Der Schnittlauch, der immer über den Topfrand hing wie müde Haare. Der kleine Baum, dessen Name sie vergaß, aber dessen Schatten jeden Tag ein bisschen wanderte. Sie sagte nicht, dass ihr das gefiel. Aber sie kam. Und das war vielleicht das erste, was in ihr Wurzeln schlug, das Bleiben.

Die Stille

Mit der Zeit wurde es eine Art Rhythmus. Nicht geplant, nicht ausgesprochen, einfach da. Jasmin kam, setzte sich auf die Bank am Rand des Gartens oder kniete sich in die Erde, wenn Liane gerade pflanzte. Manchmal half sie, ganz automatisch: hielt eine Gießkanne, zog vorsichtig Unkraut, füllte Erde nach. Nie auf Ansage. Immer im Fluss.

Und dazwischen: Stille.

Nicht die unangenehme, die nach Worten schreit. Sondern eine, die trägt. In der man atmen kann, ohne sich zu erklären.

Liane sprach selten über sich. Noch seltener über Jasmin. Aber manchmal sagte sie Sätze, die hängen blieben. Wie Kiesel in der Hosentasche, die man unbewusst mit sich herumtrug. „Die Sonne spricht auch mit dem, der nicht antwortet." Oder: „Manche Pflanzen brauchen einfach nur, dass man sie nicht vergisst."

Und dann, eines Tages, als sie gemeinsam an einem kleinen Beet saßen, in dem der Salbei sich mit dem Lavendel um Platz rang, sagte Liane leise, fast beiläufig:

„Ich glaube an jemanden, der Wurzeln auch im Asphalt wachsen lässt."

Jasmin sah sie kurz an. Nicht fragend. Eher überrascht, dass so ein Satz einfach mitten in die Erde fiel. Wie ein Same, ohne Verpackung, ohne Erklärung. Liane streichelte über die Erde, klopfte sie sanft fest. Dann lächelte sie, als hätte sie sich selbst an etwas erinnert.

Jasmin schwieg. Sie hätte fragen können. Wen meinst du? Was genau glaubst du? Aber sie tat es nicht.

Nicht aus Gleichgültigkeit. Eher, weil sie spürte: Es ging nicht um Argumente. Nicht um Beweise. Sondern um etwas Tieferes. Etwas, das man nur hören kann, wenn man nicht gleich antwortet. Seit diesem Satz war da ein leiser Nachklang in ihr. Nicht laut genug, um ihn zu benennen. Aber auch nicht zu überhören. Und so kam sie weiter. Tag für Tag.

Manchmal redete Liane. Manchmal nicht. Manchmal regnete es, und sie saßen unter einem alten Sonnenschirm, der inzwischen mehr Löcher als Schatten spendete. Manchmal war der Garten still wie eine Kapelle. Und Jasmin dachte: Vielleicht reicht das. Vielleicht ist genau das der Anfang von etwas. Sie blieb. Und der Garten begann, auch in ihr zu wachsen.

Der Bruch

Es kam nicht überraschend. Und traf sie doch mit voller Wucht.

Jasmins Mutter lag auf dem Küchenboden, der Blick glasig, die Haut fahl. Der Fernseher lief laut, der Tisch war voller leerer Kaffeetassen und ungeöffneter Briefe. Der Arzt sprach später von Erschöpfung, von „körperlich-psychischem Zusammenbruch", von Dingen, die Jasmin nicht wirklich verstand, oder nicht verstehen wollte.

Im Krankenhaus sagte man ihr, sie solle sich keine Vorwürfe machen. „So etwas kündigt sich an." Aber das war es ja: Es hatte sich seit Jahren angekündigt. Nur niemand hatte hingesehen. Auch Jasmin nicht.

Sie füllte Formulare aus, sprach mit einer Sozialarbeiterin, unterschrieb irgendetwas. Ihr Blick war leer, ihre Stimme tonlos. Als sie schließlich das Gebäude verließ, war es schon dunkel. Die Lichter der Stadt flackerten in den Pfützen auf dem Gehweg. Irgendwo bellte ein Hund. Und in ihr: nichts. Nur ein einziger Gedanke, dumpf und wild:

Ich kann das nicht. Sie ging nicht nach Hause. Nicht ins Krankenhaus zurück. Ihre Schritte trugen sie dorthin, wo sie sonst nie zu dieser Uhrzeit war. In den Hof. In den Garten. Es regnete leicht. Die Erde roch feucht, schwer, vertraut.

Jasmin blieb stehen. Ihre Schultern zitterten. Nicht vor Kälte. Sondern vor Wut. Auf ihre Mutter. Auf das Leben. Auf diese ganze kaputte Stille, die sie „Zuhause" nannten. Sie wollte schreien. Gegen den Beton. Gegen das System.

Aber sie tat es nicht. Stattdessen sackte sie auf die alte Holzbank. Die nassen Latten klebten an ihrer Jeans, sie spürte, wie der Regen sich durch die Kapuze schlich, über den Nacken rann. Sie hielt die Fäuste fest in den Taschen. Ihr Blick ging ins Nichts. Und dann sah sie sie.

Liane. Auf der anderen Seite des Beets. Wie aus dem Schatten heraus. Sie hatte ein paar welke Blätter in der Hand, ein Körbchen am Arm, eine kleine Gießkanne, obwohl es längst regnete. Sie sah Jasmin. Nur einen Moment. Dann ging sie weiter. Langsam. Nicht vorsichtig. Nur… gegenwärtig.

Als sie an Jasmin vorbeikam, blieb sie kurz stehen. Sie sagte nichts. Tat nichts. Nur ihr Blick blieb. Sanft. Ruhig. Tragend. Und Jasmin, die sonst nichts sagte, schon gar nicht in solchen Momenten, murmelte leise, fast atemlos: „Sie ist weggebrochen."

Liane nickte. Nicht dramatisch. Nur ehrlich. Dann sagte sie: „Manche Pflanzen knicken um. Und wachsen trotzdem weiter." Es war kein Trost. Kein Rezept. Nur ein Satz. Wie ein Stück Holz im Wasser. Jasmin schloss die Augen. Spürte die Tränen nicht kommen, sie waren einfach da.

Sie sagte nichts mehr. Aber sie blieb sitzen. Und Liane setzte sich still neben sie. Wie jemand, der nichts erklären muss. Nur mitträgt.

Das Gebet

Es war ein Tag später. Oder vielleicht zwei. Jasmin hatte das Zeitgefühl verloren. Die Stunden rutschten an ihr vorbei wie Züge, die nie bei ihr hielten.

Sie saß wieder im Garten. Still. Ohne Ziel. Der Regen hatte aufgehört, aber die Luft war noch feucht. Es roch nach Erde, nach etwas Vergangenem, und etwas, das bleiben wollte.

Liane war da. Natürlich war sie da. Sie hockte zwischen zwei Beeten und richtete einen kleinen Pflanzring, der sich gelockert hatte. Ihre Bewegungen waren langsam, beinahe feierlich. Jasmin beobachtete sie wortlos. Sie hatte keine Kraft, Fragen zu stellen. Und keine Antworten für irgendwen.

Irgendwann stand Liane auf, wischte sich mit dem Handrücken den Dreck von der Stirn, kam zu ihr herüber. „Ich weiß nicht, was du brauchst", sagte sie leise. Jasmin sah sie nicht an. Nur den Boden. „Aber darf ich… für dich beten?"

Es war kein Angebot mit Erwartung. Kein heiliger Moment mit Fanfaren im Hintergrund. Nur ein Satz. Warm. Einfach. Nah. Jasmin antwortete nicht. Aber sie stand auch nicht auf. Sie ging nicht weg. Und das war Antwort genug.

Liane setzte sich neben sie auf die Bank, nicht zu nah, nicht zu weit. Ihre Hände falteten sich auf dem Schoß, als hätte sie das schon oft getan. Vielleicht hatte sie. Vielleicht war das ihr tägliches Gespräch.

„Jesus…", begann sie leise.

Nicht pathetisch. Nicht fremd. Einfach, wie man einen Namen sagt, wenn man jemanden meint. „…du siehst, was sie gerade nicht sagen kann. Du weißt, was sie fühlt, ohne dass sie's selbst erkennt. Ich bitte dich: Sei da. Jetzt. Hier. Nicht mit Antworten. Nur mit Nähe."

Stille. Ein paar Sekunden. Dann ein leises „Amen". Mehr nicht. Jasmin spürte, wie ihre Kehle sich zusammenzog. Nicht vor Tränen, die hatte sie längst ausgeweint. Sondern vor… Erkennen. Da saß jemand neben ihr. Und glaubte. Nicht an sie. Sondern mit ihr. Für sie.

Nicht, um sie zu verändern. Sondern einfach, um mitzutragen, was sie selbst nicht stemmen konnte.

Jasmin sagte nichts. Aber zum ersten Mal fühlte es sich nicht mehr so an, als müsste sie sich dafür schämen, schwach zu sein. Denn da war jemand, der betete. Nicht für ein Wunder. Sondern für sie.

Der Spross

Der Tag begann mit einem Impuls, den Jasmin selbst nicht ganz verstand. Es war Samstag, sie hatte frei. Die Sonne stand schräg über den Dächern, warm, aber nicht aufdringlich. Ein Tag wie jeder andere. Und doch anders.

Sie war auf dem Weg zum Bäcker, als sie an dem kleinen Laden vorbeikam. „Pflanzen & Papier" stand in zarten Lettern am Fenster. Der Geruch von feuchter Erde und getrocknetem Lavendel strömte ihr entgegen, als sie die Tür öffnete. Sie wusste nicht, was sie suchte. Nur, dass sie nicht mit leeren Händen zurückkehren wollte.

Zwischen Töpfen und Samentüten stand sie da, wie jemand, der sich verirrt hatte und trotzdem am richtigen Ort gelandet war. Dann sah sie ihn: ein kleiner Setzling in einem Töpfchen, kaum zehn Zentimeter hoch. Eine Ringelblume. Zerbrechlich, schief, aber mit leuchtenden Knospenansätzen. Irgendetwas an ihr sprach Jasmin an.

Zehn Minuten später hielt sie den Topf vorsichtig in den Händen. Ihre Finger umklammerten ihn fast zu fest, als müsste sie ihn vor sich selbst schützen.

Im Garten war es ruhig. Die Bank war leer. Doch Liane war da, auf Knien, wie so oft, die Hände tief in der Erde, ein leiser Summton auf den Lippen.

Als sie Jasmin sah, richtete sie sich auf. Kein großes Willkommen. Nur ein Nicken. Ein stilles: Schön, dass du da bist.

Jasmin trat näher, streckte ihr den kleinen Topf hin. Ihre Stimme war fast heiser, als sie sagte: „Ich weiß nicht, ob die hier wächst." Liane betrachtete die Pflanze, dann Jasmin. „Das musst du nicht wissen", sagte sie ruhig. „Pflanzen glauben auch nicht. Die wachsen einfach los."

Ein Lächeln zog über ihr Gesicht, nicht fröhlich, eher wissend. Sie reichte Jasmin eine kleine Schaufel. „Such dir einen Platz." Jasmin nickte. Suchte. Fand eine kleine freie Ecke neben dem Lavendel, wo die Erde weich war, aber noch nichts stand. Sie kniete sich hin, grub vorsichtig, setzte den kleinen Setzling ein. Ihre Hände zitterten ein wenig. Nicht aus Angst. Aus Ehrfurcht vielleicht.

Als sie fertig war, klopfte sie sanft die Erde fest. Liane legte ihre Hand auf Jasmins Schulter. Nicht lang. Nur einen Moment. Dann ging sie wieder zu ihren Tomaten. Jasmin blieb noch knien. Ihr Blick ruhte auf der kleinen Ringelblume.

Sie war nicht groß. Noch nicht. Aber sie stand. Und etwas in Jasmin tat es mit.

Der Brief

Es war ein Sonntagabend, als sie die Schachtel fand.

Jasmin suchte eigentlich nach einer alten Versicherungskarte ihrer Mutter, in der Kommode im Flur, hinter den unzähligen Briefen, Kontoauszügen, leeren Umschlägen. Da fiel ihr die kleine Kiste in die Hände, aus dünnem, grauem Karton, an der Seite mit Bleistift beschriftet: „Privat." In der Handschrift ihres Vaters.

Sie zögerte. Irgendetwas in ihr wollte sie weglegen. Aber ihre Finger öffneten den Deckel, bevor sie selbst eine Entscheidung traf.

Obenauf lag ein einzelner Brief. Das Papier vergilbt, die Tinte an manchen Stellen verwischt. Sie erkannte die Schrift sofort. Diese krummen Buchstaben, die immer zu nah an den Rand rutschten. Ihr Vater hatte ihn offenbar nie abgeschickt.

„Liebe Jasmin,"

stand da.

„Ich weiß nicht, ob du mir jemals verzeihen kannst. Vielleicht auch nicht, und das wäre verständlich. Aber ich muss dir sagen, dass ich dich vermisse. Dass ich es jeden Tag tue. Und dass ich damals nicht gegangen bin, weil du mir egal warst, sondern weil ich selbst nicht mehr wusste, wer ich war. Ich hatte Angst. Vor dem Leben. Vor mir. Und ja, auch vor dir. Weil du so echt warst. Und ich so… leer."

Jasmin hörte auf zu lesen. Ihr Blick verschwamm. Sie konnte sich nicht erinnern, wann sie das letzte Mal so geweint hatte. Vielleicht an dem Tag, als er gegangen war. Oder nie richtig. Vielleicht hatte sie es sich abgewöhnt. So wie man sich das Lächeln abgewöhnt, wenn es niemand mehr spiegelt.

Am nächsten Morgen nahm sie den Brief mit in den Garten. Liane war schon da, wie immer. Eine Tasse dampfte neben ihr. Es roch nach frischer Minze und aufgebrühtem Mut. Jasmin setzte sich wortlos auf die Bank. Der Brief zitterte in ihrer Hand. Liane fragte nichts. Sie reichte ihr nur eine zweite Tasse Tee.

Jasmin trank einen Schluck, dann faltete sie das Papier auseinander und begann zu lesen. Erst leise für sich. Dann laut. Ihre Stimme brach mehrmals. Ein paar Worte blieben stecken. Und irgendwann, mitten in einem Satz, kamen die Tränen. Sie liefen über ihre Wangen, tropften auf das Papier, auf die Erde, auf die Schuhe. Und sie ließ sie laufen. Zum ersten Mal. Ohne sie zurückzuhalten. Ohne Scham.

Liane sagte nichts. Saß einfach nur da. Nah genug, um Halt zu geben. Weit genug, um Platz zu lassen. Als Jasmin fertig war, legte sie den Brief in den Schoß, schloss die Augen und atmete tief ein. Die Luft roch nach Leben. Nach Erde. Nach einem Anfang.

Der Regen

Es regnete zwei Tage am Stück. Nicht dieses harmlose Tröpfeln, das auf Fensterbänken tanzt, sondern ein wütender, drückender Regen, der alles in sich hinabzog. Die Straßen verwandelten sich in kleine Flüsse, die Dächer tropften, als würden sie selbst weinen.

Jasmin stand an ihrem Fenster und sah zu, wie der Innenhof unterging. Der Garten war kaum noch zu erkennen, das Beet war ein Schlammfeld, die kleinen Schilder mit den Pflanzennamen kippten

um, die Tomaten standen schief, das Rankgitter lag halb eingebrochen da wie ein verletzter Arm.

Sie spürte, wie sich etwas in ihr zusammenzog. Ein Stich, der nicht
mehr nur Mitleid war, sondern Verbundenheit. Der Gedanke, dass
etwas, das ihr etwas bedeutete, zerstört werden könnte, traf sie
härter, als sie erwartet hatte.

Am dritten Tag kam die Sonne zurück. Zaghaft. Und Jasmin ging
sofort hinunter. Der Garten sah verwundet aus. Aber nicht tot. Liane war schon da. Gummistiefel, alte Jacke, die Haare mit einem
Tuch gebunden. Sie stand mitten im Matsch und schaufelte Wasser
aus einer Senke. Ihre Hände zitterten leicht, aber sie arbeitete mit
einer Ruhe, die Jasmin bewunderte.

Ohne ein Wort zu sagen, zog Jasmin ihre Kapuze tief ins Gesicht
und kniete sich neben sie. Sie arbeiteten stundenlang. Setzten Schilder neu, banden Pflanzen hoch, richteten Beete aus, füllten Erde
nach. Der Schlamm klebte an den Händen, an den Schuhen, in den
Falten ihrer Hosen. Und doch: Es war kein Dreck. Es war Leben. Es
war Nähe.

Am späten Nachmittag, als die Sonne das erste Mal schräg durch
die Hauswände fiel, fanden sie es. Ein kleiner Keim. Direkt an der
Stelle, wo der Boden am durchnässten war. Ein winziges, grünes
Etwas, kaum größer als ein Daumennagel, aber aufgerichtet. Mu-
tig. Als hätte es sich gesagt: Jetzt erst recht.

„Was ist das?" flüsterte Jasmin.

Liane beugte sich vor, sah ihn sich an. Dann lächelte sie. „Ein Neu-
anfang", sagte sie. „Oder vielleicht auch: ein Ja."

Jasmin kniete daneben, stützte sich mit beiden Händen auf die
Erde. Ihre Finger waren kalt, aber ihr Herz war warm. Nicht weil

alles gut war. Sondern weil etwas standhielt. Gegen den Regen. Gegen das Chaos. Gegen das, was gehen wollte.

Hoffnung, dachte sie, lässt sich nicht vertreiben. Nicht, wenn sie Wurzeln schlägt. Und manche Wurzeln brauchen eben Regen, um zu wachsen.

Das Gespräch

Es war einer dieser späten Frühlingstage, an denen die Luft schon nach Sommer roch, aber die Schatten noch kühl waren. Der Garten erholte sich. Die Pflanzen hatten sich aufgerichtet, als hätten sie vergessen, dass sie fast untergegangen wären. Der kleine Keim, den Jasmin und Liane gefunden hatten, war inzwischen ein zartes Pflänzchen mit ersten Blättern. Niemand wusste, was es genau war. Aber es wuchs.

Jasmin saß auf der Bank und blickte auf das Beet. In ihren Händen drehte sie ein dünnes Stück Bast, das vom letzten Pflanzenbinden übrig geblieben war. Ihre Gedanken liefen leise, aber klar.

Liane hockte ein paar Meter entfernt und streute neue Samen in die Erde. Sonnenblumen. Jasmin mochte die Vorstellung, dass irgendwann etwas so Großes aus so etwas Kleinem werden konnte.

Dann, fast beiläufig, fragte sie; „Was… wenn ich nicht glauben kann?"

Liane hielt inne. Drehte den Kopf zu ihr. Kein Erstaunen. Keine Eile mit der Antwort. „Dann schau", sagte sie leise. „Und bleib." Sie richtete sich langsam auf, klopfte sich die Erde von den Händen und ging zu Jasmin.

„Glaube wächst oft aus dem Dableiben. Nicht aus Wissen. Nicht aus Verstehen. Sondern aus Nähe. Aus Geduld. Aus diesem kleinen inneren ‚Ich will ja.' Das reicht."

Jasmin sah sie an. Ihre Augen waren klar, aber auch müde. Es war keine Märchenerzählerin, die vor ihr stand. Sondern jemand, der selbst durch Regen gegangen war.

„Und wenn… gar nichts kommt?" sage Jasmin.

Liane lächelte. Sanft. „Dann kommt trotzdem etwas. Irgendwann. Vielleicht nicht so, wie du denkst. Aber der, an den ich glaube, kennt Geduld besser als wir beide zusammen. Und er sieht dich längst."

Jasmin sagte nichts. Aber sie nickte. Langsam. Und legte das Bastband in die Erde vor sich, als wollte sie ein Zeichen setzen. Kein großes „Ja". Kein Bekenntnis. Nur ein leiser Entschluss: Ich bleibe.

Wurzeln im Asphalt

Der Garten war still.

Nicht weil niemand da war, sondern, weil jemand fehlte.

Liane war krank. Jasmin wusste nicht, wie schlimm es war. Nur, dass die Tür in der dritten Etage diesmal geschlossen blieb, obwohl das Wetter längst nach draußen rief. Kein Rascheln. Kein Summen. Kein zartes „Na, ihr Lieben?" zu den Pflanzen.

Es war das erste Mal, dass Jasmin allein kam.

Sie hatte sich die alte Gartenschere aus der Blechkiste genommen, den kleinen Spaten, den Liane ihr gezeigt hatte, und eine Pflanze, selbst gekauft, selbst gewählt. Eine Studentenblume, kräftig orange, mit noch geschlossenen Knospen. Der Topf war billig, der Wurzelballen trocken. Aber sie hatte sie ausgesucht. Für heute.

Sie stand lange vor dem Beet. Nicht sicher, wohin sie sie setzen sollte. Schließlich kniete sie sich neben das Lavendelbeet, das sie inzwischen fast auswendig kannte, und begann zu graben. Die Erde war noch feucht, dunkel, weich.

Als sie das Loch geformt hatte, setzte sie die Pflanze hinein. Ihre Hände zitterten leicht, doch sie drückte die Erde behutsam fest. Kein Wort. Nur Atmen.

Dann legte sie ihre Hand auf das Blatt der neuen Pflanze und flüsterte: „Ich weiß nicht, wie das geht. Aber ich bin da. Und ich bleibe."

Der Satz kam leise. Und traf tief.

Sie blieb noch lange knien. Ihre Hose war längst schmutzig, ihre Hände erdig. Aber sie war ruhig. Voll.

Als sie aufstand, fiel ihr Blick zufällig auf eine Ritze am Rand des Betonwegs. Da, wo der Plattenbelag sich leicht gehoben hatte, wo Regenwasser sich sammelte und niemand je fegte, da wuchs etwas.

Ein einzelner Spross. Grün. Zart. Unbeirrbar. Mitten im Riss. Dort, wo niemand etwas erwartet hätte. Wo nur Beton war, Schatten, Trockenheit. Aber er wuchs. Einfach so. Weil etwas in ihm wusste: Jetzt ist die Zeit.

Jasmin stand einen Moment still. Schaute hin. Und sah mehr als nur ein Pflänzchen. Sie sah: Mut. Hoffnung. Leben. Unaufgefordert. Unaufhaltsam.

Sie lächelte. Nicht groß. Nicht für die Welt. Nur für sich. Und vielleicht – für Gott.

Dann drehte sie sich um. Ging. Langsam. Schritt für Schritt. Kein Ziel. Kein Plan. Aber ein Anfang. Und dort, wo sie gewesen war, blieb etwas zurück. Nicht laut. Nicht sichtbar für alle.

Nur eine Ahnung.

Eine Spur.

Wurzeln im Asphalt.

ENDE

Der Garten hinter dem Haus

Der Abschied

Die Sonne hatte sich für diesen Tag nicht blicken lassen.

Nicht, dass Paul sie vermisst hätte. Er hätte es fast unhöflich gefunden, wenn sie sich heute gezeigt hätte, hell, warm, leuchtend, als wollte sie sagen: Das Leben geht weiter. Es ging nicht weiter. Nicht für ihn. Nicht wirklich.

Er stand in der zweiten Reihe. Immer noch. Vor ihm der schlichte Sarg, dahinter ein paar Gestecke, die freundlich wirken sollten. Und diese seltsam übermotivierten Vögel in der Ferne, die sangen, als sei es Frühling. Es war nicht Frühling. Es war der 2. November. Und Marie war tot.

Neben ihm: ein leeres Knacken. Kein Weinen. Keine Tränen. Nur die kalte Faust in der Brust, die sich nicht lösen wollte.

Er hörte, wie der Pfarrer irgendetwas sagte. Worte wie Trost, Glaube, ewiges Leben. Paul hörte zu, wie man einem Vortrag zuhört, den man nicht gebucht hat. Er hätte ihn unterbrechen wollen, diesen Mann in der schwarzen Robe mit dem zu freundlichen Gesicht. Ihm sagen wollen: Hören Sie auf. Sie haben keine Ahnung. Sie reden, als ob das hier ein Prolog wäre. Aber das ist das Ende.

Er sagte nichts.

Hinter ihm schnaubte jemand in ein Taschentuch. Wahrscheinlich Ruth, Maries ältere Schwester. Sie hatte sich gleich beim Eintreffen das Kreuzzeichen gemacht, als ob das irgendetwas ändern würde. Paul hatte sich gefragt, wie viele dieser Gesten einfach nur Mechanismen waren. Automatisierte Versuche, etwas zu kontrollieren, das niemand kontrollieren konnte.

Die Urne war schlicht. Weiß, ohne Verzierungen. Paul hatte sich dafür entschieden, weil Marie es so gewollt hatte. „Nichts Prunkvolles. Nur schlicht. Irgendwo in der Nähe von der Linde." Sie hatte das gesagt, als sie noch Hoffnung hatte. Hoffnung, dass es langsam gehen würde. Langsam und geordnet. Stattdessen war es schnell gegangen. Viel zu schnell. Drei Wochen vom ersten Verdacht bis zu diesem Moment.

Der Pfarrer sprach noch. Paul blickte ihn nicht an. Er sah auf den Boden. Schwarze Erde. Kalte Luft. Kein Wind. Und trotzdem war da dieses Ziehen in seinem Nacken, als würde jemand wollen, dass er endlich hinsieht. Aber Paul sah nicht hin. Er spürte nur diese Leere, die sich nicht mit Worten füllen ließ.

Und dann, ein Gedanke. Hart, klar, eiskalt:

„Wenn es Gott je gegeben hat, dann hat er uns längst vergessen."

Der Gedanke kam nicht wie eine Frage. Nicht wie eine leise Ahnung. Sondern wie ein Urteil. Wie ein Hammer, der auf Holz trifft. Endgültig.

Er wusste nicht, ob es Marie wehgetan hätte, das zu hören. Aber es war ihm egal. Er konnte nicht glauben. Nicht nach dem, was passiert war. Nicht mit dieser gnadenlosen Stille im Krankenhauszimmer. Nicht mit diesem Blick, den sie ihm zum Schluss zugeworfen hatte, so ruhig, so friedlich. Als hätte sie ihn schon losgelassen, während er noch klammerte.

„Ich hab dich immer geliebt. Und ich bete, dass du irgendwann deinen Frieden findest."

Das waren ihre letzten Worte gewesen.

Nicht: Ich liebe dich.

Auch nicht: Bleib stark.

Sondern: Ich bete.

Als ob das irgendetwas geändert hätte.

Nach der Zeremonie schüttelte er mechanisch Hände. Sagte Danke, wo kein Dank hingehörte. Lächelte flüchtig. Ging irgendwann einfach. Niemand hielt ihn auf.

Der Weg zurück zum Haus war kurz. Der Garten hinter dem Haus lag wie vergessen. Unordentlich. Voller abgefallener Blätter, verwelkter Blumen, abgestorbener Stängel.

Paul ging nicht hinein. Er sah nur durch die Terrassentür. Und für einen Moment hatte er das Gefühl, als würde etwas darin auf ihn warten. Er drehte sich weg. Er wartete nicht zurück.

Die Liste

Das Haus war still. Nicht die angenehme Stille, die Marie manchmal „heilige Ruhe" genannt hatte, sondern eine, die sich in die Ecken fraß. Staubig, zäh, schwer. Paul stand in der Tür zum Schlafzimmer und sah auf den Kleiderschrank. Er hatte die Tür bisher nicht geöffnet, nicht einmal einen Spalt. Jetzt tat er es. Langsam. Fast wie ein Fremder in seinem eigenen Leben.

Der vertraute Geruch schlug ihm entgegen. Lavendel, ein Hauch von Rose, Vanille. Ihre Mischung. Maries Handschrift in Duft. Ihm wurde flau, ohne dass er sich bewegte.

Er begann, die Schubladen durchzugehen. Faltete Kleidungsstücke zusammen, ohne Sinn. Ohne Ziel. Fast automatisch. Doch dann blieb er an einer Mappe hängen. Braun, abgewetzt, mit einem grünen Stoffband umschlungen. Oben auf der ersten Seite stand:

„100 Dinge, die ich noch tun will, bevor ich gehe."

Er hielt den Atem an. Schlug die Mappe auf. Es war eine Liste. Handschriftlich. Nummeriert.

> In Irland den Regen tanzen hören
> Mich mit Ruth versöhnen
> Barfuß durch Schnee laufen
> ...
> Jemandem von Gott erzählen, der nie zuhört
> ...
> Paul küssen, wenn er wütend ist
> ...
> Psalm 1 pflanzen
> Den Garten übergeben
> Den alten Olivenbaum retten
> ...
> 96–100: leer

Paul starrte auf die Liste. Viele Punkte waren abgehakt, mit Datum versehen. Einige mit einem kleinen Herz daneben. Er entdeckte Einträge, an die er sich erinnerte. Und andere, die ihn rührten, ohne dass er sie verstand.

Psalm 1 pflanzen? Jemandem von Gott erzählen, der nie zuhört? War er damit gemeint? Dann kam Punkt 94 ins Zentrum seines Blicks: „Den Garten übergeben." Ein schmaler Haken daneben. Kein Datum. Er las den Satz noch einmal.

Der Garten war ihr Ort gewesen. Ihr Rückzugsraum, ihr Gebet, ihre kleine Kapelle aus Erde, Laub und Licht. Sie hatte ihn geliebt. Mit einer Art, die nichts mit Gartengestaltung oder Ästhetik zu tun hatte. Es war etwas Tieferes gewesen. Lebendiges. Als würde sie jedes Mal, wenn sie pflanzte, auch beten. Und jetzt…

Jetzt hatte sie diesen Garten jemandem „übergeben" wollen. Ihm? Paul schluckte. War das ihre Art, ihn zurück ins Leben zu ziehen?

Die Wut von der Beerdigung war noch da, aber schwächer. Stattdessen kam etwas anderes: Irritation. Ein Ziehen. Fast wie ein Ruf, den er nicht deuten konnte.

Er schüttelte den Kopf. Murmelte: „Ich bin kein Gärtner. Und ganz sicher kein Beter." Doch als er die Mappe zurücklegen wollte, fiel ihm ein kleiner, handgeschriebener Zettel aus der Rückseite. Ein Post-it. Blassgelb. Mit Maries Schrift:

„Vielleicht Jakob. Oder Gott. Oder beides."

Paul starrte auf die Zeilen. Dann las er sie noch einmal. Und noch einmal. Jakob? Er dachte kurz an Familie. An Bekannte. Doch der Name sagte ihm nichts. Kein Jakob in ihrem Umfeld. Kein alter Schulfreund. Kein Nachbar.

Oder war es ein Bild? Ein Symbol? Er warf einen Blick zur Terrassentür. Der Garten lag da wie immer. Stumm. Unordentlich. Leblos. Und doch. Irgendetwas in ihm hatte sich verschoben. Ein Name. Ein Garten. Und diese Worte: „Vielleicht Jakob. Oder Gott. Oder beides." Er atmete tief durch. Und flüsterte leise, fast gegen seinen Willen: „Wer bist du, Jakob?"

Das Buch

Es regnete in feinen, fast unsichtbaren Fäden. Der Himmel war ein grauer Vorhang, durch den kein Licht drang. Paul hatte die Heizung höher gedreht, trug trotzdem seinen Pullover mit dem Loch am rechten Ärmel, der, den Marie immer heimlich stopfen wollte. Heute war ihm das egal. Alles war ihm egal. Und gleichzeitig… nicht ganz.

Der Zettel aus Maries Liste lag noch auf dem Küchentisch. Vielleicht Jakob. Oder Gott. Oder beides. Er versuchte nicht, ihn zu verstehen. Nicht bewusst. Aber der Gedanke kroch in jede Lücke.

Wer war Jakob? Warum „oder beides"? Und warum hatte sie „den Garten übergeben" angehakt, obwohl er immer noch im Wildwuchs versank?

Er ging ins Wohnzimmer. Setzte sich auf den Boden vor das Regal. Nicht, weil er etwas suchte. Sondern weil seine Hand plötzlich wusste, wo sie hinmusste. Sie glitt über die Buchrücken, blieb an einem hängen: alt, fleckig, leinengebunden. Goldene Prägung auf dem Einband: „BIBEL".

Maries.

Er zog das Buch vorsichtig heraus. Staub stieg auf. Die Seiten waren dick, brüchig, mit fleckigen Rändern. Und zwischen ihnen: kleine Überraschungen. Ein gepresstes Gänseblümchen. Ein Ahornblatt, zerbrechlich wie Zucker. Ein Foto, er als junger Mann, unter einem Baum sitzend, Marie auf der Bank daneben, den Blick nicht in die Kamera, sondern zu ihm.

Paul schluckte.

Er blätterte weiter.

Seite für Seite voller Randnotizen. Kein theologisches Korrekturlesen, keine dogmatische Systematik. Nein. Es war, als hätte sie mit der Bibel gesprochen. Als wäre sie ein Gesprächspartner gewesen, mal tröstend, mal rätselhaft, mal schweigend.

Psalm 23, unterstrichen. Daneben: „Und wenn ich nicht mehr glauben kann, bleib DU der Hirte."

Hiob 3, eingerahmt. „Ich hasse mein Leben und ER schweigt. Warum?" Darunter: „…und doch bleibe ich sitzen. Neben ihm."

Markus 9,24, dick eingekreist. „Ich glaube, hilf meinem Unglauben." Und direkt darunter, in Großbuchstaben: „Er liebt mich nicht weniger, wenn ich zweifle."

Paul hielt inne. Der Satz traf ihn. Nicht wie ein Vorwurf, sondern wie eine Erkenntnis. Marie war keine Heilige gewesen. Keine Überfliegerin des Glaubens, keine strahlende Pilgerin auf heiligem Boden. Sie hatte gezweifelt. Sie hatte gestritten. Und sie hatte trotzdem gebetet.

„Ich glaube, hilf meinem Unglauben." Er las die Zeile immer wieder. Wie ein Refrain. Sie hatte an jemanden geglaubt, der auch mit ihrem Zögern umgehen konnte. Der blieb, auch wenn sie wackelte.

Paul ließ die Bibel sinken. Lehnte sich gegen das Sofa. Das Herz pochte nicht schneller, aber fester.

Ein Teil von ihm hatte geglaubt, Maries Glauben sei unerschütterlich gewesen. Aber jetzt sah er: Gerade weil er erschüttert wurde, war er echt.

Und plötzlich war da ein anderer Gedanke: Wenn sie mit ihren Zweifeln bei Gott war, dürfte ich es dann auch sein? Er schüttelte den Kopf. Flüsterte: „Ich weiß es nicht." Aber er klappte die Bibel nicht zu.

Er legte sie offen vor sich hin. Die Seite mit Markus 9,24 blieb sichtbar. Und er blieb sitzen. Noch lange. Ohne Gebet. Ohne Ziel.

Nur mit einer Zeile, die brannte: „Er liebt mich nicht weniger, wenn ich zweifle."

Der Fremde im Garten

Es hatte ihn Überwindung gekostet, die Terrassentür zu öffnen. Fast eine Woche lang hatte Paul den Garten nur von drinnen betrachtet, als würde er ihn nicht betreten dürfen, weil er Marie gehörte. Oder Gott. Oder... beidem.

Dieser Gedanke war neu. Und er war ihm unangenehm. Aber an diesem Nachmittag, als der Regen endlich nachließ, stand er plötzlich draußen. Kein Plan. Keine Handschuhe. Nur er. Und der Boden unter seinen Füßen.

Der Garten war verwahrlost. Moos zwischen den Platten, das alte Hochbeet gekippt, das Rosenbeet ein wildes Durcheinander. Blätterhaufen, faulige Stängel, halbe Astgerippe. Und doch, irgendetwas in ihm war… lebendig.

Er bückte sich. Zog einen vertrockneten Lavendelbusch aus der Erde. Die Wurzeln gaben nur widerwillig nach. Erde bröckelte zwischen seinen Fingern. Er roch daran. Ein Hauch von etwas Bitterem, Vertrautem. Marie hatte immer gesagt: „Gartenarbeit ist wie Gebet mit den Händen."

Er hatte damals gelächelt, mehr aus Zuneigung als aus Überzeugung. Jetzt fragte er sich: Wen hatte sie gemeint mit Jakob? Sein Blick fiel auf die alte Bank unter dem Apfelbaum. Der Lack war abgeplatzt, das Holz verwittert. Und trotzdem stand sie da, wie jemand, der nicht weggeht, obwohl ihn keiner braucht.

Er ging hinüber. Wollte sich setzen. Tat es dann aber doch nicht. Stattdessen trat er zurück, blickte auf das durcheinandergeratene Beet, und erstarrte.

Da war jemand.

Ein paar Meter entfernt, am unteren Ende des Gartens. Zwischen dem Brombeerstrauch und dem alten Komposthaufen.

Ein Mann.

Alt. Wettergegerbt. Stab in der Hand. Jacke voller Erde und Geschichten. Er sah nicht überrascht aus. Auch nicht unhöflich. Eher, als wäre er einfach da. So wie der Wind. Oder ein Gedanke, der plötzlich Raum nimmt.

Paul richtete sich auf. „Hallo?"

Der Mann nickte. Kein Lächeln. Aber auch kein Misstrauen.

„Entschuldigen Sie, haben wir... kennen wir uns?" fragte Paul.

„Vielleicht", sagte der Mann. Seine Stimme klang wie Kies unter alten Schuhen.

„Ich... wohne hier. Das ist mein Garten."

„Ich weiß", sagte der Mann.

Paul runzelte die Stirn. „Wie sind Sie hier reingekommen?"

„Die Pforte war nicht verschlossen."

Paul erinnerte sich. Stimmt. Das alte Holztörchen am Zaun klemmte oft.

„Was machen Sie hier?" fragte er. Seine Stimme war schärfer, als er wollte.

Der Mann trat einen Schritt näher, blieb dann wieder stehen. „Ich wollte sehen, ob Sie's geschafft haben."

„Was geschafft?"

„Die Tür zu öffnen."

Paul stockte. Ein kalter Hauch zog durch ihn. Nicht der Wind. Etwas anderes.

„Wer sind Sie?"

Der Mann schob den Stab in die Erde, als wolle er sich abstützen. Dann sagte er:

„Ich bin Jakob."

Paul starrte ihn an. Jakob. Der Name auf dem Zettel. „Vielleicht Jakob. Oder Gott. Oder beides."

„Kannten Sie... meine Frau?"

„Ja", sagte Jakob schlicht. Dann, nach einem Moment: „Sie hat mich nicht weggeschickt."

Paul schwieg. Es war ein seltsamer Satz. Nicht: Sie hat mir geholfen. Nicht: Wir waren befreundet. Sondern: Sie hat mich nicht weggeschickt.

Jakob ging langsam zur Bank, setzte sich. Ohne Scheu. Als hätte er das schon oft getan. „Sie hat mir Brot gegeben. Und einen Psalm vorgelesen. Jedes Mal, wenn ich kam."

Paul fühlte, wie ihm der Boden unter den Füßen weicher wurde. Als würde er einsinken, Stück für Stück.

„Sie hat nie was davon gesagt", murmelte er. „Manches erzählt man nicht mit Worten", sagte Jakob.

Paul setzte sich schließlich doch. Auf Abstand. Die Bank war alt, aber hielt sie beide.

„Wie oft... waren Sie hier?"

„Oft genug, um zu wissen, dass sie geglaubt hat. Und selten genug, dass sie mich nicht für selbstverständlich hielt."

Paul musterte ihn. Jakob sah nicht verrückt aus. Nicht wie ein Spinner. Und doch... war da etwas Unwirkliches an ihm. Etwas, das sich nicht greifen ließ. Wie ein Traum, der tagsüber noch kurz nachwirkt.

„Warum kommen Sie jetzt?"

Jakob sah ihn an. Zum ersten Mal direkt. Seine Augen waren hell. Klar. Und Paul hatte das Gefühl, durch sie hindurch gesehen zu werden. Nicht durchbohrt, sondern durchschaut. Ohne Urteil. Nur... erkannt.

„Weil jetzt jemand zuhört."

„Ich höre nicht zu", sagte Paul schnell.

„Doch", sagte Jakob ruhig. „Sonst wären Sie nicht hier. Und Sie hätten die Bibel nicht aufgeschlagen."

Paul wollte etwas erwidern. Einen bissigen Kommentar. Etwas Verteidigendes. Aber nichts kam. Jakob lächelte zum ersten Mal. Ganz leicht. Dann stand er auf, griff nach seinem Stab, und sagte leise:

„Ich komme wieder, wenn du's brauchst."

„Ich brauch niemanden", sagte Paul.

Jakob nickte. „Das sagen viele, kurz bevor sie Wurzeln schlagen."

Und dann ging er. Durch das Törchen. Ohne Eile. Ohne sich umzudrehen. Paul blieb sitzen. Das Holz unter ihm knarzte. Und irgendwo in seinem Inneren war eine Frage wach geworden. Nicht laut. Nicht drängend. Aber da: „Was, wenn sie beide gemeint hat?"

Der Apfelbaum

Es war ein klarer, kalter Morgen, als Paul zum ersten Mal tiefer in den Garten ging.

Kein Werkzeug. Kein Plan. Nur Hände, die wussten, dass sie etwas tun mussten, und Füße, die sich wie von selbst über das feuchte Gras bewegten.

Der alte Apfelbaum stand wie immer am Rand des Gartens, leicht geneigt, als würde er sich erinnern wollen, woher der Wind kam. Paul hatte ihn früher kaum beachtet, er war da, trug mal mehr, mal weniger Früchte. Marie hatte ihn geliebt. „Er sieht aus, als hätte er zu viele Geschichten auf einmal erlebt."

Jetzt wirkte er fast wie eine Figur. Alt. Würdevoll. Und still.

Paul kniete sich neben den Stamm. Unkraut hatte sich zwischen die Wurzeln geschoben. Beim Zurückziehen der trockenen Blätter bemerkte er eine Vertiefung im Boden. Nicht groß. Nur leicht eingesunken.

Er schob vorsichtig die Erde zur Seite. Spürte plötzlich Holz unter den Fingern. Eine kleine Kiste. Etwas verbeult, verwittert. Ein Vorhängeschloss, alt und angerostet. Er starrte sie an. Lange. Dann trug er sie ins Haus.

In der Werkstatt fand er den Schlüssel, ein alter Bund, verstaubt, der irgendwann mal an der Gartenpforte hing. Einer davon passte. Das Schloss sprang auf, ruckelnd.

Paul hob den Deckel.

Obenauf: ein Tuch. Hellblau. Maries Lieblingsfarbe. Darunter: ein Stapel Briefe. Sauber gebündelt. Mit einem Band zusammengehalten.

Auf dem obersten Umschlag stand: „Für dich, Paul. Jahr für Jahr. Wenn ich nicht mehr fragen kann."

Er atmete flach. Dann nahm er den ersten Brief. Datum: zehn Jahre alt.

„Lieber Paul,

heute habe ich gesehen, wie du den alten Wasserhahn in der Küche repariert hast, obwohl du keine Lust hattest. Ich liebe das an dir, dass du Dinge machst, auch wenn du nicht musst. Auch wenn du nicht glaubst.

Ich weiß, dass du denkst, ich bete aus Prinzip. Oder aus Gewohnheit.

Aber heute habe ich für dich gebetet, weil ich das Gefühl hatte, Gott hört dir zu, obwohl du ihn nicht rufst.

Vielleicht ist es das, was Glaube manchmal bedeutet: still für einen anderen hoffen.

In Liebe, Marie"

Der zweite Brief war jünger. Ein paar Jahre später.

„Ich habe heute Psalm 42 gelesen: Meine Seele dürstet nach Gott.

Manchmal fühlt sich mein Herz so an, als würde es durch eine Tür rufen, die keiner aufmacht.

Ich wünschte, du könntest das hören, Paul. Nicht weil du musst, sondern weil ich glaube, dass du viel zu lange still warst, aus Angst, dass keiner antwortet.

Ich bete weiter. Für dich. Und für uns.

In Liebe, Marie"

Der dritte Brief war vom vorletzten Jahr. Der Umschlag war abgegriffen.

„Ich weiß nicht mehr, wie lange ich das noch mache, dieses Warten, Hoffen, Beten.

Ich habe heute zum ersten Mal das Gefühl gehabt, dass ich gegen eine Wand bete.

Ich sage Worte, aber sie fallen zurück auf den Boden.

Und doch… ich höre nicht auf.

Vielleicht ist das Liebe. Vielleicht Dummheit.

Vielleicht beides.

Ich wünschte, du würdest mir einmal sagen, dass du daran glaubst, dass ich glaube.

Dass du mich nicht für verrückt hältst.

Ich wollte dich nie zwingen. Ich wollte dich nur mitnehmen.

Aber ich glaube, ich bin zu früh losgegangen."

Deine Marie"

Paul legte den Brief langsam zur Seite. Etwas in ihm war still geworden. Nicht leer. Nicht kalt. Aber schwer. Und wahr. Er hatte geglaubt, ihre Briefe würden leicht sein. Trost. Erinnerung. Aber dieser hier, dieser war ein Schlag. Nicht weil sie ihm etwas vorwarf. Sondern weil sie ehrlich war.

Sie hatte gehofft. Und gezweifelt. Für ihn. Er hatte nie gewusst, wie sehr sie gerungen hatte. Nicht mit ihm. Sondern für ihn. Nicht aus Kontrolle. Sondern aus Liebe.

Er saß da, stumm, die Kiste offen, die Briefe verstreut auf dem Tisch. Und flüsterte in den Raum: „Ich hab dich gehört. Zu spät. Aber ich höre dich." Draußen rauschte ein Wind durch die Äste des Apfelbaums. Ein einziges Blatt löste sich, und schwebte langsam zu Boden.

Der Sturm

Der Regen begann harmlos.

Ein paar Tropfen auf den Fensterscheiben, ein leiser Trommelrhythmus auf dem Dach. Paul stand am Fenster und sah zu, wie der Himmel sich verdichtete. Es war ein gewöhnlicher Herbstregen, dachte er. Einer von denen, die kommen und gehen, ohne Aufhebens.

Aber dieser Regen ging nicht.

Er wurde stärker. Schwerer. Der Himmel riss auf, der Wind kam. Erst in Böen, dann in Stößen, die an den Fenstern rüttelten, an den

Dachrinnen zerrten. Blätter wirbelten durch die Luft wie zerfetzte Seiten eines Buches.

Paul hörte es knacken, irgendwo hinten im Garten.

Er zuckte zusammen. Stellte die Tasse auf der Fensterbank ab und ging zur Terrassentür. Das Licht draußen war gelblich, unwirklich. Bäume bogen sich, Äste peitschten gegen die Hauswand.

Und dann, ein dumpfes Grollen. Kein Donner. Etwas anderes. Paul riss die Tür auf und stolperte nach draußen. Der Wind schlug ihm ins Gesicht, zog an seinem Pullover.

Und da sah er es. Der Apfelbaum. Maries Baum, lag am Boden. Umgerissen. Der Stamm gespalten. Die Wurzeln wie aufgerissene Finger, die vergeblich nach Halt gesucht hatten.

Paul stand nur da. Starr. Atemlos.

Der Wind riss an seinen Haaren, zerrte an seiner Kleidung. Aber er spürte es kaum. Es war vorbei. Etwas in ihm brach. Nicht laut. Nicht sichtbar. Aber endgültig. Er ging zurück ins Haus. Schlug die Tür hinter sich zu. Lehnte sich mit dem Rücken dagegen.

Und sagte in die Leere: „Genau. So läuft das. Wenn man hofft. Wenn man glaubt. Wenn man dumm genug ist, irgendwas zu retten."

Seine Stimme hallte in der Stille wider. Schneidend. Bitter. Er verbrachte die Nacht auf dem Sofa. Schlaflos. Mit dem dumpfen Gefühl, als wäre alles, was Marie je geglaubt hatte, unter diesem Baum begraben worden.

Am nächsten Morgen ging er noch einmal hinaus.

Der Garten war ein Schlachtfeld. Zerfetzte Pflanzen. Gerissene Sträucher. Überflutete Beete. Und der Baum, seine Rinde aufgerissen, die Blätter leblos.

Paul schob die Hände in die Taschen. "Was soll's," murmelte er. "Alles abreißen. Alles weg." Er stellte sich vor, wie das Haus verkauft werden würde. Wie der Garten zu Beton werden würde. Wie er endlich weglaufen könnte, vor allem.

Keine Wurzeln. Keine Erinnerungen. Nur ein Ende.

Er war gerade dabei, einen Immobilienmakler am Handy zu suchen, als die Türklingel schrillte. Paul zuckte zusammen. Niemand kam hier einfach so vorbei. Widerwillig öffnete er die Tür.

Auf der Schwelle stand Leni. Vierzehn Jahre alt. Kapuzenjacke, Rucksack, zu große Turnschuhe. Und dieses unverschämte, ernste Lächeln, das sie schon als kleines Kind gehabt hatte.

„Hallo, Opa", sagte sie.

Paul blinzelte.

„Was machst du hier?"

„Mama meinte, ich soll ein paar Tage bei dir bleiben. Du brauchst Gesellschaft." Sie hob den Rucksack. „Ich hab Schokolade. Und schlechte Witze."

Paul wollte abwehren. Wollte sagen: Jetzt nicht. Geh nach Hause. Aber dann sah er ihre Augen. Und darin: etwas, das er nicht erwartet hatte. Kein Mitleid. Kein Bedauern. Sondern Mut. Ein ganz leiser Mut, der sagte: Ich bleib, wenn du's nicht kannst.

Er trat zur Seite. Leni marschierte an ihm vorbei, schnupperte und verzog das Gesicht.

„Boah. Hier riecht's nach kaltem Kaffee und mieser Laune."

Sie grinste.

„Perfekt. Ich bleib."

Paul schloss die Tür. Und atmete zum ersten Mal seit Tagen etwas freier.

Leni bleibt

Die ersten Stunden waren holprig.

Paul bot Leni Tee an, den sie ablehnte. Leni bot Paul Schokolade an, die er ablehnte. Also saßen sie da, jeder mit seinem eigenen Trotz, getrennt durch einen Couchtisch und eine Menge unausgesprochener Worte.

„Mama meinte, du bist nicht gut drauf", sagte Leni irgendwann.

„Ach was", brummte Paul.

„Keine Sorge. Ich kenn das", fügte sie hinzu und zog eine Augenbraue hoch. „Pubertät. Midlife Crisis. Endzeitstimmung. Alles easy."

Paul musste trotz allem kurz grinsen.

Sie hatte Marie in sich, diese Mischung aus Frechheit und Wärme, die Türen öffnete, bevor man überhaupt merkte, dass man sie verschlossen hatte.

Am späten Nachmittag stand sie plötzlich in der Terrassentür, den Blick auf den verwüsteten Garten gerichtet.

„Was ist mit dem Baum passiert?" fragte sie.

„Sturm", sagte Paul knapp. „Alles kaputt."

„Ach", machte Leni. „Und jetzt aufgeben, oder was?"

Er blinzelte.

„Wenn was umfällt, kann man's doch neu pflanzen." Sie sagte es, als würde sie von einem umgestoßenen Getränkebecher sprechen.

Paul öffnete den Mund, um zu erklären, dass es so einfach nicht war. Dass Dinge zu Ende gingen, dass nicht alles neu wachsen konnte. Aber er schwieg. Weil ein Teil von ihm wusste: Vielleicht war es doch so einfach. Oder sollte es einfach werden.

Am nächsten Morgen schnappte Leni sich ohne ein Wort eine Schaufel aus dem Schuppen. Paul beobachtete sie durch die Küche, wie sie in der feuchten Erde stocherte, den Schaden betrachtete, den der Sturm angerichtet hatte.

Dann klopfte sie an die Fensterscheibe und rief: „Opa! Komm! Ich brauch 'ne zweite Meinung!"

Er seufzte, zog sich die Jacke über und trat hinaus.

Sie zeigte auf den Stumpf des Apfelbaums.

„Hier drunter ist was."

„Wurzeln", sagte Paul.

„Nee", erwiderte Leni. „Irgendwas anderes."

Er bückte sich, schob Erde zur Seite.

Da war es: Eine Metallkiste. Verbeult, rostig. Offenbar vom umgestürzten Baum freigelegt. Paul hob sie heraus. Das Schloss war nur noch ein Schatten seiner selbst. Er öffnete die Kiste, und erstarrte.

Briefe. Weitere Briefe. Nicht die aus dem Haus. Andere. In dünnem Papier. Fast durchsichtig. Und auf jedem Umschlag ein Wort:

„Hoffnung."

„Warten."

„Vertrauen."

„Loslassen."

Leni beugte sich vor, las, und sah ihn dann an. „Oma war echt krass, oder?"

Paul nickte langsam. Sein Hals fühlte sich plötzlich zu eng an.

„Weißt du", sagte Leni leise, während sie sich auf den feuchten Rasen setzte, „Oma hat nicht gebetet, damit du fromm wirst."

Er sah sie an, überrascht von der Klarheit in ihren Worten.

„Sie hat gebetet, damit du weich bleibst. Damit dein Herz nicht zum Betonklotz wird."

Sie spielte mit einem Grashalm, ohne aufzusehen.

„Man kann hart werden, wenn was kaputtgeht. Voll hart. Innen drin. Ich hab das mal gemerkt, als Papa und Mama sich so schlimm gestritten haben. Ich hab damals gedacht: Nie wieder fühl ich was."

Paul spürte, wie sich etwas in ihm regte. Keine Tränen. Noch nicht. Aber eine Ahnung von dem, was Marie gesehen hatte. Was sie gehofft hatte.

Leni sah jetzt auf, direkt in seine Augen.

„Opa, du musst nicht an alles glauben. Aber du darfst nicht aufhören, zu fühlen. Sonst gewinnt das, was kaputtgeht."

Dann stand sie auf, klopfte sich die Hose ab, grinste breit und sagte: „Und jetzt machen wir 'nen neuen Baum. Oder 'nen Strauch. Oder was auch immer."

Paul wollte widersprechen. Aber er konnte nicht. Denn irgendwo, tief drinnen, hatte er den ersten feinen Riss in seinem Beton gespürt. Und durch diesen Riss drang, ganz sacht, ein Hauch von Leben.

Drei Schlüssel

Die beiden Kisten standen jetzt nebeneinander auf dem Tisch. Und auf der Couch dazwischen: Paul und Leni.

Die dritte Kiste, die kleine, die Leni gefunden hatte, lag auf ihrem Schoß, fast ehrfürchtig gehalten.

Drei Truhen.

Drei Orte.

Drei verschiedene Arten, Marie zu begegnen.

Paul strich über den Deckel der kleinsten Kiste. Sie war kaum größer als ein Schuhkarton, aber schwer, als trüge sie mehr als Papier.

„Denkst du... sie hat das alles geplant?" fragte er, mehr zu sich selbst.

Leni antwortete sofort:

„Klar." Und nach einer kurzen Pause: „Aber nicht, damit du suchst. Sondern damit du findest."

Paul hob den Kopf.

„Oma wusste, dass du nicht auf einmal alles checkst", erklärte Leni. „Erst musst du dich erinnern." Sie deutete auf die Kiste aus dem Haus. „Dann musst du anfangen, zu glauben, dass noch was da ist." Sie klopfte auf die erste Kiste vom Garten. „Und dann musst du irgendwann... loslassen." Sie schob die kleine Kiste leicht zu ihm hin. „Vertrauen."

Paul atmete schwer aus. Er begriff. Mit einer Klarheit, die ihn beinahe erschütterte: Marie hatte ihm drei Wege hingelegt.

Haus: Vergangenheit. Erinnerungen. Was war.

Im Garten (erste Kiste): Gegenwart. Hoffnung. Das, was wachsen könnte.

Im Garten (zweite Kiste): Zukunft. Vertrauen. Loslassen, ohne alles zu verstehen.

Es war keine Schatzsuche gewesen. Es war eine Reise. Eine Einladung. Eine Art, wie sie sagte: „Du musst nicht alles auf einmal tragen. Aber fang an." „Vielleicht", murmelte Paul, „gibt es noch mehr Kisten."

Leni grinste. „Oder vielleicht bist du die letzte Truhe. Und Oma wartet nur drauf, dass du endlich aufmachst."

Paul sah sie an. Und musste lachen. Ein echtes, warmes, ungezwungenes Lachen. So, wie er seit Maries Tod nicht mehr gelacht hatte. Vielleicht war genau das Maries größter Schatz gewesen. Nicht, dass er sie festhielt. Sondern dass er lernte, wieder offen zu sein.

Der alte Mann

Die Tage danach verliefen seltsam leicht.

Paul und Leni arbeiteten nebeneinander im Garten. Ohne großen Plan, ohne Zwang. Nur die Hände in der Erde, das Gesicht in der Sonne, die Gedanken in Bewegung.

Es fühlte sich nicht nach Wiederherstellung an. Mehr wie ein Aufatmen. Am vierten Nachmittag stand Paul gerade an der alten Regentonne, als er sie sah.

Leni. Sitzend auf der umgestürzten Bank, den Rucksack achtlos neben sich geworfen. Und neben ihr, Jakob.

Er saß da, als hätte er nie einen anderen Platz gekannt. Sein Stock lag auf den Knien, seine Hände locker darübergelegt.

Paul erstarrte. Er wusste nicht, ob er hingehen sollte. Ob er stören würde. Etwas in ihm sagte: Bleib zurück. Lausche. Also blieb er im Schatten der großen Eberesche stehen. Unsichtbar genug, um nicht aufzufallen. Und beobachtete.

Leni baumelte mit den Füßen. Ihre Stimme war leise, aber klar: „Du bist irgendwie... anders", sagte sie. Jakob lächelte. Es war kein junges Lächeln. Aber eines, das wusste, dass Zeit keine Rolle spielt, wenn es um Wesentliches geht.

„Bist du ein Engel?" fragte Leni dann. Paul hielt die Luft an. Jakob antwortete nicht sofort. Er sah sie nur an. Lange. So, als würde er eine Antwort in ihr suchen, nicht in sich selbst. Dann lächelte er. Ganz leicht.

„Manchmal", sagte er, „verstecken sich Engel in den einfachsten Kleidern."

Leni schien zufrieden damit. Sie lehnte sich zurück, betrachtete den Himmel. „Wenn du einer bist, dann bist du ein ziemlich cooler Engel", murmelte sie. Jakob lachte leise. Kein Laut, der die Welt aufriss. Nur ein leiser Ton, wie ein Flügelschlag im Wind.

Paul spürte ein Ziehen in der Brust. Etwas, das er nicht erklären konnte. Etwas, das nicht wissen wollte, sondern glauben durfte.

Am nächsten Morgen war Jakob verschwunden. Keine Nachricht. Keine Spur. Paul fragte die Nachbarn. Niemand hatte ihn gesehen. Niemand wusste, wer er war oder woher er kam. Das Gartentor schwang im Wind leicht auf und zu, als hätte es sich von selbst verabschiedet.

Paul stand lange auf der Wiese. Der Apfelbaum lag noch immer da, wie ein alter Krieger. Die Erde roch nach Regen und neuen Anfängen. Er schloss die Augen. Und in seinem Inneren hörte er die

Stimme des Alten Mannes: „Vielleicht verstecken sich Engel in den einfachsten Kleidern."

Oder vielleicht, dachte er, sind sie einfach da, wenn wir sie am meisten brauchen. Nicht mit Flügeln. Nicht mit Fanfaren. Sondern mit einem Stock, einer wettergegerbten Haut, und einem Lächeln, das Türen aufschließt, die lange verriegelt waren.

Ein neuer Baum

Der Garten lag still an diesem Morgen.

Keine schweren Wolken mehr, kein wütender Wind. Nur ein fahles, freundliches Licht, das über die Grashalme strich, als wolle es sagen: Es darf wieder wachsen.

Paul stand mit Leni am Rand des kahlen Platzes, wo der alte Apfelbaum gefallen war. Die Erde war noch umgegraben, dunkler als der Rest des Gartens. Ein kleines, offenes Herz mitten im Boden.

„Weißt du, was hier fehlt?" fragte Leni und stemmte die Hände in die Hüften.

„Ein Betonfundament?" schlug Paul trocken vor.

Sie schnaubte. „Ein neuer Baum, Opa. Ganz klar. Ein neuer Baum."

Paul sah sie an.

Und zum ersten Mal seit Langem fühlte er keinen Widerstand. Keine zynische Abwehr. Nur eine leise, weiche Bewegung in der Brust.

„Was für einen?" fragte er.

Leni dachte kurz nach. Dann deutete sie auf ein kleines Schild, das am Gartentor hing. Halb verwittert. Maries Handschrift: „Lasst eure Wurzeln tief wachsen."

„Einen, der Wurzeln schlägt", sagte Leni.

Am Nachmittag fuhren sie gemeinsam zum Gartencenter. Nicht gehetzt. Nicht mit einem Plan. Nur mit dem Gefühl: Wir brauchen etwas Lebendiges.

Nach einer Weile, zwischen all den glänzenden Obstbäumen und Ziersträuchern, fanden sie ihn. Einen jungen Apfelbaum. Klein, noch nicht mal einen Meter groß. Zart. Aber mit starken Wurzeln.

Leni berührte vorsichtig einen Ast. „Der hier."

Paul nickte. Keine Debatte. Das Einpflanzen war eine Mischung aus Chaos und Andacht. Leni wollte graben. Paul bestand darauf, die Tiefe zu kontrollieren. Am Ende machten sie beides, und lachten dabei so ehrlich, dass selbst die Amseln im Zaun verstummten.

Als der Baum endlich stand, die Wurzeln gut bedeckt, die Erde festgetreten, trat Leni einen Schritt zurück.

„Wie nennen wir ihn?" fragte sie.

Paul runzelte die Stirn. „Bäume brauchen Namen?"

„Klar", sagte Leni bestimmt. „Oma hat Bäume wie Freunde behandelt. Erinnerst du dich?"

Er nickte langsam. Ja. Das tat er.

„Also?"

Paul sah auf den jungen Baum. Auf die hellgrünen Blätter, die sich sacht im Wind bewegten. Auf das kleine Schild, das Leni schon vorbereitet hatte, mit krakeliger Handschrift:

„Marias Baum."

Seine Kehle war plötzlich zu eng. Er nickte.

„Marias Baum", sagte er leise.

Leni hockte sich in den weichen Boden, faltete die Hände, ohne zu zögern.

„Danke, Gott", sagte sie einfach. „Für Oma. Für den Garten. Und dass wir einen neuen Baum haben."

Sie blinzelte zu Paul hinauf.

„Willst du auch was sagen, Opa?"

Paul öffnete den Mund. Schloß ihn wieder. Er spürte den alten Widerstand, diese Wand, die sich aus Scham und Zweifel und all den Jahren gebaut hatte.

Aber er spürte auch: Die Wand hatte Risse. Er legte die Hand auf den noch dünnen Stamm des Baumes.

Und sagte, fast flüsternd: „Danke, dass ich noch da bin."

Es war kein großes Gebet. Kein theologisches Statement. Aber es war echt. Und vielleicht, dachte Paul, reichte das. Vielleicht war das der erste Samen, der in der Erde seines Herzens Wurzeln schlug.

Das Gebet

Die Tage vergingen langsamer, als Paul sie gewohnt war.

Oder vielleicht war es auch er, der langsamer wurde. Jeden Morgen, wenn die ersten Sonnenstrahlen schräg durch den alten Haselstrauch fielen, nahm er eine Tasse Kaffee, schlug Maries Bibel auf, irgendwo, ohne System, und setzte sich auf die Bank, die sie repariert hatten.

Manchmal blieb die Bibel unaufgeschlagen auf seinem Schoß liegen. Manchmal las er einen Vers. Manchmal nur ein Wort. Er erwartete nichts. Kein Blitz vom Himmel. Keine rauschende Stimme in den Ästen. Nur Stille. Und gerade darin, merkte er, wuchs etwas.

An einem dieser Morgen blieb sein Blick an einem Psalm hängen. Psalm 1: „Der ist wie ein Baum, gepflanzt an Wasserbächen, der seine Frucht bringt zu seiner Zeit, und seine Blätter verwelken nicht, und alles, was er tut, gerät wohl."

Paul las die Zeilen leise, fast als würde er sie schmecken wollen. Ein Baum, gepflanzt an Wasserbächen. Nicht einer, der auf einmal blüht. Nicht einer, der immer Früchte trägt. Sondern einer, der verwurzelt ist. Er schloss die Augen. Spürte den Wind auf der Haut. Das leise Ticken der Welt um ihn herum.

Und dann, fast zaghaft, begann er zu sprechen. Nicht laut. Nicht fromm. Nur mit dem, was er hatte.

„Ich weiß nicht, ob du wirklich da bist. Oder ob ich mir das nur einbilde. Aber... wenn du da bist, danke. Dass ich hier sitze. Dass ich atmen kann. Dass ich noch da bin."

Es war kein Gebet, wie er es früher gekannt hatte, wenn überhaupt. Es war ein Flüstern aus seinem Innersten. Und es fühlte sich an… nicht wie eine Antwort. Aber wie Frieden. Wie ein Boden unter den Füßen, der nicht sofort nachgab.

Später, als er aufstand, streifte sein Blick die kleine Plakette, die Leni an den neuen Baum gehängt hatte: „Marias Baum. Wo das Leben Wurzeln schlägt."

Und plötzlich hörte er Maries Stimme in seinem Herzen, so klar, als würde sie neben ihm sitzen: „Der Glaube wächst nicht über Nacht, Paul. Er wurzelt. In der Stille."

Er lächelte. Ganz leicht. Und wusste: Er war vielleicht noch lange nicht angekommen. Aber er hatte angefangen, zu bleiben.

Der erste Besuch

Es war einer dieser Frühlingstage, an denen die Luft nach Erde roch und nach Versprechen.

Paul saß auf der Bank unter dem jungen Apfelbaum, die Hände lose gefaltet, die Bibel aufgeschlagen neben sich. Er hatte längst aufgehört, Pläne zu machen, wann und wie er lesen oder beten sollte. Er kam einfach hierher. Und manchmal, wenn er las, hörte er nicht nur die Worte, sondern auch die Stille dazwischen.

An diesem Vormittag hörte er Stimmen. Kinderstimmen. Er blinzelte gegen die Sonne und sah Frau Seidel am Gartentor stehen.

Neben ihr: vier Kinder, vielleicht sieben, acht Jahre alt. Zwei Mädchen, zwei Jungen, alle mit leicht schiefen Zöpfen, schmutzigen Jeans und dieser unerschütterlichen Energie, die nur Kinder haben.

„Guten Morgen, Herr Paul!" rief Frau Seidel fröhlich.

Er stand auf, klopfte sich instinktiv die Hose ab. „Guten Morgen", erwiderte er, noch etwas steif, aber nicht unfreundlich.

„Dürfen wir kurz reinschauen?" fragte sie. „Die Kinder sind neugierig. Ich hab ihnen von Ihrem Garten erzählt. Und von Marie."

Paul zögerte. Ein Teil von ihm wollte die Ruhe bewahren, die er sich hier errichtet hatte. Aber dann sah er die erwartungsvollen Gesichter. Und er hörte wieder Maries Lachen in seinem Innern, dieses helle, einladende Lachen, das nie jemanden draußen ließ.

„Kommt rein", sagte er schließlich.

Die Kinder strömten in den Garten wie ein warmer Windstoß. Sie liefen kreuz und quer, bestaunten die Beete, entdeckten kleine Schilder, die Leni liebevoll beschriftet hatte: „Petersilie, stark wie Mut", „Lavendel, duftend wie Hoffnung", „Sonnenhut, wächst auch an schweren Tagen".

Am Apfelbaum hielten sie inne. Leni hatte ein neues Schild gebastelt und es an einen Ast gehängt. In einfachen, großen Buchstaben stand darauf: „Wo das Leben Wurzeln schlägt, wächst Hoffnung."

Paul trat näher. Er legte die Hand auf die raue Rinde. Und für einen Moment war es, als würde Marie direkt neben ihm stehen. Nicht als Geist. Nicht als ferne Erinnerung. Sondern als Teil dieses Bodens, dieser Wurzeln, dieser stillen Freude, die jetzt in ihm aufstieg.

Er drehte sich zu den Kindern. „Das hier", sagte er, und seine Stimme war ruhig und sicher, „war früher der Lieblingsplatz meiner Frau." Die Kinder hörten auf zu zappeln und sahen ihn an. „Sie hat gesagt, ein Garten ist wie ein Gebet. Man muss ihn hegen. Geduldig sein. Auch wenn man nicht gleich sieht, was wächst."

Ein kleiner Junge hob die Hand, ganz ernsthaft. „Und was wächst hier?"

Paul lächelte. „Hoffnung", sagte er. Die Kinder nickten feierlich, als hätten sie ein Geheimnis erfahren. Und während sie weitertollen durften, während Frau Seidel mit Leni am Hochbeet lachte, setzte sich Paul wieder auf die Bank.

Er lehnte sich zurück, spürte die Sonne auf seinem Gesicht. Er hatte nicht gesucht. Er hatte nicht verstanden. Aber er war geblieben. Und zwischen all den kleinen Stimmen, den schiefen Zöpfen, den offenen Händen, wusste er: Das Leben hatte Wurzeln geschlagen. Hier. Jetzt. Und in ihm.

Letzter Brief

Der Abend senkte sich langsam über den Garten.

Das Licht wurde weicher, goldener, wie eine Decke, die sich schützend über alles legte, was wachsen wollte. Paul saß auf der Bank unter dem neuen Baum. Marias Baum.

Die Kinder waren längst gegangen. Frau Seidel hatte zum Abschied gewunken. Leni lag irgendwo drinnen auf dem Sofa, eingeschlafen mit einem Buch auf dem Bauch.

Und Paul?

Er war einfach hier geblieben. Die Bibel lag neben ihm. Die leeren Tassen auf dem Tisch. Und auf seinem Schoß: ein einzelner Umschlag. Er hatte ihn heute Nachmittag gefunden.

Hinter dem alten Regal in der Speisekammer, eingeklemmt zwischen einer leeren Bonbonbüchse und Maries vergessenen Rezeptkarten.

Auf dem Umschlag stand nur: „Für Paul. Wenn du bereit bist."

Er hatte ihn nicht sofort geöffnet. Er hatte ihn in die Tasche gesteckt, vergessen, wieder daran gedacht, ihn fast verloren, und jetzt hielt er ihn endlich in den Händen.

Paul atmete tief durch.

Er öffnete den Brief.

> „Mein lieber Paul,
>
> wenn du diesen Brief liest, dann hast du einen langen Weg gemacht. Vielleicht nicht den Weg, den ich immer erträumt habe.
>
> Aber den Weg, den du gehen musstest. Ich habe aufgehört, für deinen Glauben zu beten. Und angefangen, für dein Lauschen zu beten. Denn Glauben kann man nicht machen.

Man kann ihn nur empfangen. Wie Regen. Wie einen Sonnenstrahl. Wie einen Samen, der keimt, wenn niemand hinsieht.

Wenn du das hier liest, bist du bereit. Vielleicht nicht zum Glauben. Aber zum Lauschen. Und ich verspreche dir: Wer lauschend bleibt, der wird eines Tages hören.

Ich liebe dich.

Immer. Marie."

Paul legte den Brief behutsam auf die Bank. Er stand auf. Ging langsam zu dem jungen Baum. Legte die Hand auf den noch dünnen Stamm, spürte die raue Rinde unter den Fingern. Schloss die Augen. Kein lautes Zeichen. Kein Wunder. Nur Stille. Und ein kleines, ruhiges Klopfen in seiner Brust.

Und dann, ganz leise, aber klar, sprach er: „Ich bin bereit."

Die Worte flogen nicht in den Himmel. Sie waren nicht für die Welt gedacht. Sie waren für ihn.

Und vielleicht, vielleicht, hörte ja jemand zu.

ENDE

Als der Baum fiel

Der Baum, der immer da war

Er stand einfach da.

So, wie er es immer getan hatte. Groß, alt, mit einem Stamm so breit, dass man ihn nicht umfassen konnte, selbst wenn zwei Kinder ihre Arme aneinanderlegten. Seine Äste reichten weit über das Dach hinaus, wie Schutzflügel, wie ein stilles Versprechen: Solange ich hier stehe, kann euch nichts passieren.

Der Baum gehörte zu diesem Haus wie das Knarren der alten Holztreppe, der Geruch nach Kaffee am Morgen und der Gartenzaun, der an einer Stelle immer klemmte. Es war, als hätte er schon da gestanden, bevor irgendjemand in der Familie überhaupt geboren war. Man sprach nicht viel über ihn. Man sah ihn. Jeden Tag. Und vergaß ihn dann wieder.

Klara saß auf der Fensterbank und zeichnete ihn. Wie so oft. Nicht weil sie besonders gut zeichnen konnte, sondern weil sie darin etwas sah, das sonst keiner zu sehen schien. Vielleicht war es die Art, wie das Licht sich in den Blättern brach. Oder der Schatten, den er auf das Wohnzimmer warf, wenn die Sonne sank. Vielleicht war es auch nur das Gefühl, dass in seinem Stamm Geschichten gespeichert waren, die niemand mehr erzählte.

Unten in der Küche summte der Wasserkocher. Ihre Mutter stellte zwei Tassen auf den Tisch, fast mechanisch. Kamillentee für sie, schwarzer für ihren Mann. Er mochte es stark, ohne Zucker, „wie es sein muss", sagte er immer. Heute würde er ihn vermutlich kalt trinken, wie so oft. Er war spät dran.

Als er ins Zimmer trat, roch es nach Waschpulver und irgendetwas Vertrautem. Seine Aktentasche lag schon griffbereit auf dem Stuhl. Der Laptop surrte.

„Ich hab deinen Tee gemacht", sagte sie ohne aufzublicken.

„Danke", antwortete er. Nahm einen Schluck. Nickte.

Keine weiteren Worte. Es war nicht unfreundlich. Nur gewohnt.

So war es eben bei ihnen. Man lebte miteinander, funktionierte. Jeder auf seine Art.

Ben, der siebzehnjährige Sohn, kam die Treppe herunter, Kapuze über dem Kopf, Kopfhörer in den Ohren. Sagte nichts. Sah niemanden an. Riss sich ein Toastbrot aus dem Korb, ließ Krümel fallen, wischte sie nicht auf.

„Musst du heute nicht zur Schule?" fragte sie.

Er zuckte mit den Schultern. „Hab nur zwei Stunden. Kunst. Fällt aus."

„Und dann?"

„Weiß nicht. Vielleicht... zeichne ich auch nen Baum."

Er grinste schief und ging.

Die Tür fiel hinter ihm zu, und einen Moment lang war es still.

Klara, noch immer auf der Fensterbank, schaute hinaus. Der Baum bewegte sich leicht im Wind. Nicht viel. Nur ein Hauch, wie ein Atem.

„Mama", sagte sie leise. „Glaubst du, der Baum hört uns manchmal?"

Die Mutter sah sie an. Und in ihren Augen lag für einen Moment etwas, das lange nicht mehr da gewesen war, eine Weichheit, ein Erinnern.

„Vielleicht", sagte sie. Und es klang nicht nach einer Lüge.

Dann drehte sie sich wieder um und faltete die Servietten. So, wie sie es immer tat. Rechteckig, mit sauberem Knick.

Klara zeichnete weiter. Erst den Stamm. Dann die Äste. Und dann, ganz unten, neben der Wurzel: ein kleines Kreuz.

Sie wusste nicht, warum. Aber es gehörte dahin.

Wenn der Wind nicht angekündigt wird

„Heute wird's mild", sagte der Radiomoderator. „Ein bisschen Wind, vielleicht vereinzelt Regen, aber insgesamt ein ganz normaler Frühlingstag."

Paul schaltete das Radio aus, bevor der nächste Song kam. Er mochte keine halben Wahrheiten. Entweder es regnet oder nicht. Diese Unverbindlichkeit in den Vorhersagen nervte ihn.

Er stand auf der Veranda, die Kaffeetasse in der Hand, und sah hinauf in den Himmel. Ein paar Wolken zogen vorbei, leicht zerfasert, ohne Ernst. Der Baum war still. Kein Rascheln, kein Knacken. Nur das gleichmäßige Geräusch des Morgenverkehrs in der Ferne und das Quietschen eines rostigen Fahrradkorbs vom Nachbargrundstück.

„Siehst du?" murmelte Paul mehr zu sich selbst als zu seiner Frau. „Gar nichts ist. Wetterleute übertreiben immer."

Er ging ins Haus, ließ die Tür einen Spalt offen.

Klara saß am Küchentisch, eine Schüssel Cornflakes vor sich, halb durchgeweicht. Ihre Mutter war mit dem Rücken zu ihr beschäftigt, schnitt Äpfel, räumte ein, machte Dinge, die keine Eile hatten, aber trotzdem eilig wirkten.

„Die Äste bewegen sich ein bisschen", sagte Klara leise.

„Was meinst du?"

„Beim Baum. Vorhin. So komisch."

„Das ist der Wind, Schatz."

„Aber er war nicht da. Es war, als hätte... als hätte er sich alleine bewegt."

Die Mutter hielt einen Moment inne, dann machte sie weiter. „Du hast viel Fantasie, mein Herz."

„Ich glaub, der Baum ist unruhig."

Keine Antwort.

Ben schmiss die Tür auf. „Mein Bus kam zu spät. Der Fahrer hat gemeckert, dass ein Ast auf der Straße lag."

„Welcher Ast?" fragte Paul, der sich gerade seine Jacke anzog.

„Keine Ahnung. Ein ziemlich dicker. So ein richtiger Brummer. Einfach abgeknickt."

„Wo denn?"

„Beim Supermarkt. Direkt vorm Parkplatz."

Paul runzelte die Stirn. „Na, vielleicht sollten die da mal aufräumen. Bei uns ist alles ruhig."

Und wieder: Keine Fragen. Kein Hinhören. Nur Funktion.

Am Nachmittag wurde der Himmel dunkler, aber nicht bedrohlich. Kein Donnergrollen, kein Lichtblitz. Nur dieses fahle Grau, das sich langsam über das Dach schob, wie ein Tuch, das man über einen Tisch legt. Lautlos.

Klara saß im Garten. Ihr Skizzenblock lag auf ihren Knien, der Bleistift ruhte in der Hand. Sie hatte den Baum gezeichnet. Wieder. Dieses Mal war er leer. Keine Blätter. Keine Vögel. Nur ein nackter

Stamm mit weit ausgestreckten Ästen, wie Arme, die um Hilfe riefen.

Sie wusste nicht, woher dieses Bild kam. Es war einfach so geworden.

Ein Rascheln. Ganz leise.

Sie sah auf. Der Wind kam plötzlich, wie ein leiser Befehl. Nicht stürmisch, nicht laut. Aber eindringlich. Er fuhr durch die Hecke, hob einen losen Zettel vom Gartentisch, wirbelte ihn in einem Bogen hinüber zur Wäschespinne.

Dann war er wieder weg.

Klara stand auf, ging zum Zettel. Es war eine alte Notiz ihrer Mutter: Einkaufsliste, halb verwischt.

Unten stand ein einzelnes Wort, mit Bleistift hingekritzelt:

„Wurzelwerk"

Sie runzelte die Stirn. Das hatte ihre Mutter nicht geschrieben. Nicht so.

In dem Moment kam Paul aus dem Haus.

„Komm rein, Klara. Ich glaub, es zieht was auf."

Sie nickte. Steckte den Zettel ein. Und sah noch einmal zum Baum hinauf.

Ein Ast bewegte sich. Ganz leicht. Gegen die Richtung des Windes.

Der Sturm

Er kam nicht wie ein Monster. Kein Brüllen, kein Zerschmettern.

Zuerst war da nur ein Flackern. Die Deckenlampe zuckte, der Fernseher rauschte kurz, als würde jemand mit den Händen an der Antenne wackeln. Dann ein Knacken. Tief, dumpf, so als hätte jemand unter der Erde einen Knochen gebrochen.

Klara hob den Kopf vom Sofa.

„Habt ihr das gehört?"

Niemand antwortete.

Ben saß am Esstisch, Kopfhörer auf, die Musik so laut, dass man sie durch das Polster hören konnte. Seine Füße wippten im Takt, ungerührt.

Paul stand in der Küche, die Hand noch am Wasserhahn. Seine Augen suchten den Lichtschalter, doch da war kein Licht mehr. Die Wohnung lag in einem merkwürdigen Halbdunkel. Wie vor einem Stromausfall. Oder einem Atemstillstand.

„Was ist das?" rief, Marta die Mutter aus dem Flur. Sie hatte gerade einen Korb mit frisch gefalteter Wäsche in der Hand.

Dann kam das zweite Geräusch.

Ein Knirschen, als würde Holz sich selbst zerreißen. Schwerfällig. Schicksalhaft.

Und dann, war da kein Ton mehr. Nur der Moment dazwischen. Der, in dem jeder ahnt, dass es zu spät ist. Und sich dennoch nichts bewegt.

Klara war als Erste am Fenster.

Sie sah ihn fallen.

Nicht schnell. Eher wie in Zeitlupe.

Der Baum kippte nach vorne, ruckte kurz, als wolle er sich wehren. Dann gab er nach.

Mit einem letzten, stumpfen Krachen riss er sich los aus dem Boden, samt Wurzeln, samt allem, was ihn gehalten hatte. Und stürzte. Direkt auf das Haus.

Sie hörte die Scheibe splittern, das Knacken der Dachbalken, den dumpfen Einschlag, als tonnenschweres Holz das Wohnzimmer traf. Der Boden bebte. Ein Bilderrahmen fiel von der Wand. Eine Vase zerbrach.

Staub füllte die Luft. Trocken, dick, grau.

Dann – Stille.

Ben riss sich die Kopfhörer ab.

„Was war das?!"

„Der Baum..." flüsterte Klara. Ihre Stimme war brüchig. „Er... er ist gefallen."

Paul stürmte ins Wohnzimmer, oder das, was davon übrig war und sah Klara in der Ecke des Wohnzimmers stehen.

Ein Teil des Dachs war eingebrochen, Balken lagen schräg über dem alten Sofa, das Fenster zur Terrasse war nur noch ein zerborstener Rahmen. Der Stamm des Baumes ragte quer durch den Raum, zersplittert, mächtig. Und tot.

„Oh mein Gott", keuchte die Mutter. Sie hatte den Wäschekorb fallen lassen, die Socken und T-Shirts lagen verstreut auf den Fliesen, wie erschrockene Tiere.

„Ist jemand verletzt?" rief Paul. „Alle da?"

„Ich bin okay", sagte Ben. „Was zur Hölle..."

„Ich auch", flüsterte Klara.

Marta nickte nur. Stand zitternd da.

„Wir müssen raus. Sofort."

Draußen, auf dem Gehweg, standen sie nebeneinander.

Die Nachbarn kamen herbeigerannt, manche mit Handys, andere mit offenen Mündern.

„Was ist passiert? Geht's euch gut?"

„Der Baum... ist gefallen... ins Haus", stammelte Paul.

Klara sah zurück. Rauch oder Nebel, sie konnte es nicht sagen, stieg langsam aus dem Dach. Der Baum, der immer da gewesen war, lag da wie ein zerbrochener Riese.

Und in seinem Sturz hatte er mehr mitgenommen als nur Balken und Fenster.

Er hatte das genommen, was sie „ihr Zuhause" genannt hatten. Die Mitte. Das Zentrum. Das, worum sie herum lebten, ohne es zu merken.

Jetzt war es offen. Zerrissen.

„Was machen wir jetzt?" fragte Ben.

Niemand antwortete.

Nur der Wind bewegte noch einmal die Äste des gefallenen Baumes.

Und ganz leise, fast wie ein letzter Atemzug, knackte es irgendwo im Holz.

Trümmerfelder

Die Feuerwehr war schnell gekommen. Blaulicht, Gummistiefel, Absperrband. Stimmen, die Kommandos riefen, Taschenlampen, die durch den Staub schnitten. Und dann wieder: das große Schweigen, das bleibt, wenn der Rauch sich legt.

Das Haus war unbewohnbar.

„Statik unsicher", hatte der Einsatzleiter gesagt. „Wahrscheinlich Totalschaden. Und Glück, dass niemand im Wohnzimmer war."

Paul hatte genickt, ohne wirklich zu hören. Er stand auf dem Gehweg, Arme verschränkt, die Stirn gerunzelt. Der Baum lag noch immer da, mitten durch das Dach gebrochen, wie ein offenes Geheimnis.

Klara hatte sich an Marta geklammert, während Ben immer wieder auf sein Handy starrte, als wollte er sich damit fortscrollen.

Die Nachbarn hatten warme Decken gebracht, Tee, ein paar Brote in Alufolie. Es war freundlich gemeint, und dennoch fühlte sich alles fremd an.

Das Haus atmete nicht mehr.

Kein Brummen des Kühlschranks. Kein Wasserrauschen aus dem Bad. Kein Stimmengemurmel, das sonst wie ein unsichtbarer Faden durchs Erdgeschoss zog.

Nur der dumpfe, süßliche Geruch von feuchtem Holz, Staub und Erde hing in der Luft, als hätte der Baum nicht nur das Dach zerbrochen, sondern auch die Zeit angehalten.

Die Feuerwehr war längst weg. Der Baum lag immer noch, schräg durchs Wohnzimmer gedrückt wie eine riesige, tote Ader. Die Äste, einst lebendig und grün, waren nun starr und grau. Paul hatte sich die Hände schmutzig gemacht beim Versuch, etwas zu bergen. Doch mit jedem Schritt durch das zerbrochene Zimmer wurde ihm klarer: Hier war nichts mehr zu retten.

„Das Dach ist offen", sagte er, fast trotzig. „Wenn's heute Nacht regnet, ist alles durch."

„Es hat schon geregnet", sagte Marta. Ihre Stimme klang hohl.

Sie stand im Türrahmen zum Wohnzimmer, die Arme verschränkt, das Gesicht blass. Ihre Haare waren ungewaschen, ihre Bluse voller Falten. In ihrer rechten Hand hielt sie einen Bilderrahmen, den einzigen, der heil geblieben war. Darin: ein Familienfoto, fünf Jahre alt. Alle lächeln darauf. Auch Paul. Auch sie selbst. Ein Lächeln, das jetzt wie ein Hohn wirkte.

„Ich hab doch gesagt, dass wir den Baum beschneiden lassen sollten", warf Paul ein.

Marta hob langsam den Blick. „Hast du das? Wirklich? Oder hast du nur davon geredet, während du weiter abgewartet hast?"

„Das ist nicht fair."

„Nein, ist es nicht."

Sie sagte es ohne Wut. Nur mit Müdigkeit. Und das traf ihn mehr als jeder Vorwurf.

Ben lief durch den Garten, trat gegen lose Äste, starrte auf den Boden. Immer wieder warf er kleine Steine auf die Terrasse, als wolle er herausfordern, dass irgendjemand endlich schreit. Oder fragt. Oder wenigstens zuhört.

Klara saß unter der alten Gartenbank, wo der Baum sie nicht erreicht hatte. Sie hatte die Knie angezogen, ihr Skizzenbuch fest an die Brust gedrückt. Ihre Finger waren schwarz von Graphit. Sie hatte nicht gemalt. Nur gehalten. Es war das Einzige, was sich noch ganz anfühlte.

Später kam ein Sachverständiger. Er trug eine gelbe Weste, einen zu großen Helm und einen Blick, der nach Protokoll roch.

„Die Grundstruktur ist instabil. Die Wand zum Esszimmer, durchgebrochen. Dachstuhl, eingerissen. Empfehlung: Räumung."

Marta nickte. Paul stellte keine Fragen.

„Und wohin gehen wir jetzt?" fragte Klara leise, als der Mann gegangen war.

Keiner antwortete sofort.

Schließlich sagte Paul: „Ich klär das mit der Versicherung. Vielleicht ein Hotel."

„Kein Hotel", sagte Marta. „Nicht mit dem Lärm. Nicht mit Fluren, in denen alles nach Desinfektionsmittel riecht."

Stille.

Dann: „Ich frag meine Cousine. Die hat diese Ferienwohnung auf dem Land. Die steht leer."

Paul zuckte mit den Schultern. „Wenn's sein muss."

In der Nacht lag Marta auf Ihrer Matratze, die Sie in die Küche gelegt haben, da ihr Schlafzimmer zu unsicher war. Draußen rauschte der Wind durch das offene Loch im Dach. Tropfen fielen irgendwo ins Haus. Es klang wie Schritte. Oder Tränen.

Sie dachte an früher. An Abende mit Kinderlachen. An Teetassen auf dem Tisch. An das Gefühl, dass ein Zuhause mehr war als ein Haus.

Und jetzt? Nichts als Trümmer.

Sie faltete die Hände. Nicht aus Gewohnheit. Eher aus... Verzweiflung. Oder Sehnsucht.

Aber kein Wort kam über ihre Lippen. Kein Gebet. Kein Hilferuf.

Nur ein Gedanke. Still. Im Zimmer knisterte es leise. Vielleicht war es das Holz. Oder etwas anderes.

Die Ferienwohnung

Einen Tag später saßen sie in einer Ferienwohnung. Ein Zimmer, das nach Staub roch, nach eingetrockneter Zeit. Zwei Zimmer, kleine Küche, zu niedrige Decken. Die Fenster waren milchig, die Stühle wackelten. Aber es war trocken. Und warm.

„Nur übergangsweise", hatte Paul gesagt. „Nur bis die Versicherung..."

Niemand widersprach ihm.

Marta hatte eine Tasche mit Wäsche ausgepackt. Klara trug ihr Skizzenbuch bei sich, als wäre es ein Talisman. Ben hatte die Kopfhörer auf und die Kapuze wieder tief ins Gesicht gezogen und sprach mit niemandem.

Am Abend saßen sie nebeneinander auf dem durchgesessenen Sofa. Der Fernseher lief ohne Ton. Eine Kochsendung.

Marta hatte die Hände im Schoß gefaltet, als würde sie beten, aber da war kein Wort.

Paul sagte: „Es war vorhersehbar. Der Baum war alt. Ich hab's mehrmals angesprochen. Ich wollte ihn fällen lassen. Und jetzt ..."

„Jetzt ist er gefallen", unterbrach sie. Leise, aber mit etwas in der Stimme, das ihn kurz verstummen ließ.

„Du willst mir die Schuld geben?"

„Nein. Ich will gar nichts."

Klara sah von ihrem Skizzenbuch auf.

Ben stand auf. „Ich geh raus."

Die Tür knallte.

Später in der Nacht lag Marta wach. Neben ihr: Paul, schlafend oder so tuend. Die Heizung gluckerte. Draußen rauschte der Wind durch die nackten Zweige. Kein Baum mehr, der ihn abfing.

Sie hatte das Gefühl, dass es nicht nur der Baum gewesen war, der gefallen war.

Etwas in ihnen allen war gefallen. Etwas Altes, etwas Verhärtetes.

Und etwas in ihr flüsterte: „Vielleicht war es nötig."

Sie schob den Gedanken beiseite.

Zu viel. Zu früh. Zu fremd.

Dann stand sie auf, ging barfuß in die kleine Küche.

Neben dem Kühlschrank lag ein altes Notizbuch, offenbar vergessen von früheren Gästen.

Sie schlug es auf, zufällig.

Auf einer Seite stand, mit krakeliger Handschrift:

„Der Herr ist nahe denen, die zerbrochenen Herzens sind."

Sie schlug es sofort wieder zu.

Schnell.

Fast erschrocken.

„Nicht jetzt", flüsterte sie.

Aber das Wort war gefallen.

Und es blieb.

Der verlorene Anker

Paul war früh aufgestanden.

Noch bevor die Heizung ihre ersten Geräusche machte, noch bevor der Wasserkocher klickte oder jemand durch den schmalen Flur tappte. Er saß in der Küche auf dem wackligen Stuhl am Fenster und starrte hinaus. Die Tasse in seiner Hand war leer. Der Blick auch.

Er hatte einen Plan gezeichnet. Auf einem Blatt Papier, das er sich aus dem Notizblock neben dem Telefon gerissen hatte. Drei Spalten: Versicherung, Übergangslösungen, Wiederaufbau. Er wollte das alles in den Griff bekommen. Kontrollierbar machen. Berechenbar.

„Je schneller wir handeln, desto eher haben wir unser Leben zurück."

Er wiederholte den Satz innerlich wie ein Mantra.

Marta kam später in die Küche. Ihr Haar war zusammengebunden, das Gesicht müde, aber gefasst. Sie sagte nichts, als sie an ihm vorbeiging. Goss sich Tee ein.

„Ich hab mit der Versicherung gesprochen", sagte Paul ohne aufzusehen. „Man muss Belege liefern. Rechnungen, Bilder, Schadensprotokolle. Ich setz mich nachher dran."

„Ja", sagte Marta.

Mehr nicht.

Erst als sie am Küchentisch saß, die Hände um die dampfende Tasse gelegt, hob sie langsam den Blick.

„Glaubst du wirklich, dass wir das zurückbekommen?"

„Was meinst du?"

„Unser Leben."

Paul zuckte die Schultern. „Man kann alles reparieren. Es dauert, ja. Aber am Ende... steht wieder ein Haus."

„Ein Haus, ja." Sie sah ihn lange an. „Aber das ist nicht alles, Paul."

Er wusste, was sie meinte. Und er wollte es nicht hören.

Später, als Marta das Schlafzimmer betrat, fiel ihr Blick auf den Nachttisch.

Jemand hatte dort eine kleine Bibel abgelegt. Abgewetzt, lederge-bunden, goldene Seitenränder.

Sie war ihr vorher nicht aufgefallen. Vielleicht hatte sie Klara dort hingelegt. Oder Ben. Oder jemand, der vor ihnen hier gewesen war.

Sie nahm sie in die Hand. Sie war leicht. Und schwer zugleich.

Sie schlug sie auf. Irgendwo. Ohne Ziel. Nur, weil ihre Finger sich bewegen wollten.

Ihr Blick fiel auf einen unterstrichenen Vers:

„Nur auf Gott wartet still meine Seele; von ihm kommt meine Ret-tung." (Psalm 62,2)

Sie schloss das Buch sofort wieder.

Legte es zurück.

Drehte sich um.

Aber der Vers hatte sich eingegraben. In einen Raum in ihr, den sie lange nicht mehr betreten hatte.

Vielleicht war es der Ton. Oder die Erinnerung an Sonntage mit ihrer Großmutter, an Kirchenbänke, an Orgelmusik und das Ge-räusch von Bibelseiten, die umgeblättert wurden.

Sie war aufgestanden, hatte sich entfernt von all dem, aus Überzeugung, wie sie geglaubt hatte.

Aber jetzt, in dieser kalten, engen Wohnung, in der nichts mehr so war wie früher, klang dieser eine Satz nach.

Nicht laut. Nicht drängend.

Aber beständig.

Am Nachmittag, als Paul versuchte, einen Handwerker zu erreichen und Fluchwörter in sein Handy murmelte, trat Marta leise ins Schlafzimmer zurück.

Sie nahm die Bibel wieder zur Hand.

Diesmal hielt sie sie nur.

Und fragte sich leise:

War sie absichtlich hier? Oder war es Zufall?

Sie wusste keine Antwort.

Aber sie ließ das Buch nicht mehr los.

Alte Fotos, neue Fragen

Klara fand es in der untersten Schublade der Kommode, neben einem Stapel vergilbter Reiseführer und einem kaputten Kerzenhalter:

Ein Fotoalbum. Dick, grau, mit Stoffeinband. Ohne Titel.

Sie wusste nicht, warum sie die Schublade überhaupt geöffnet hatte. Vielleicht aus Langeweile. Vielleicht, weil der Regen draußen die Welt in einen einzigen grauen Schleier getaucht hatte und sie einen Ausweg suchte, der nicht nach Bildschirm oder Flucht aussah.

Sie setzte sich damit auf ihr Bett, schlug die erste Seite auf und war plötzlich in einer Welt, die nicht ihre war. Oder doch?

Das erste Bild zeigte ein junges Paar vor einem See. Dahinter ein altes Auto, hellblau, mit offenen Türen.

Darunter stand, in ordentlicher Schreibschrift: „Sommer '79, bei Lindau."

Klara blätterte weiter.

Ein Kind im Schneeanzug. Eine Frau mit Strohhut. Männer mit Schnurrbärten. Ein schwarz-weißes Bild von einem Tisch mit Kuchen, eine Hand, die einen Bibelvers auf einer Karte hochhielt. Sie erkannte niemanden. Und doch, es berührte etwas in ihr.

Vielleicht war es die Art, wie die Menschen lachten. Oder wie jemand auf einem Foto ein Kreuz um den Hals trug. Kein Statement. Kein Schmuck. Einfach... da.

Sie dachte an ihr eigenes Zuhause. An die Bilder, die dort früher an der Wand hingen, bis zum Sturm. Fast alle waren in Scherben.

Auch das große Familienbild mit dem goldenen Rahmen. Zerbrochen. So wie das Wohnzimmer. So wie alles.

Sie blätterte weiter. Ein Bild zeigte eine kleine Kirche, halb überwuchert von Efeu.

Daneben: Eine Frau, die Klara ein wenig an ihre Mutter erinnerte. Jünger. Fröhlicher. Ihre Hände auf einem Knie, als würde sie sich gerade von einem Gebet erheben.

„Wer bist du?" flüsterte Klara.

Und meinte damit nicht nur die Frau.

Am Abend nahm sie das Album mit in die Küche.

„Mama, schau mal."

Marta trocknete gerade Besteck ab. Als sie das Album sah, hielt sie inne.

„Wo hast du das gefunden?"

„In der Kommode."

„Das gehört nicht uns."

„Ich weiß."

Marta setzte sich neben sie. Klara schlug das Bild mit der Kirche auf.

„Warst du früher gläubig?"

Die Frage kam leise, ohne Anklage.

Marta antwortete nicht sofort. Dann sagte sie:

„Ich weiß nicht, ob man aufhören kann, zu glauben. Man kann nur aufhören, es zu fühlen."

Klara nickte langsam.

„Und Gott? Hört er dann auf, da zu sein?"

„Vielleicht ist er dann einfach nur... leiser."

Sie blätterten weiter, zusammen. Seite um Seite.

Bis Klara ein einzelnes Foto herauszog, das lose zwischen zwei Seiten lag.

Darauf: Ein Baum. Groß. Mächtig. Verwurzelt.

Sie sah Marta an.

„Man kann auch fallen, obwohl man Wurzeln hat, oder?"

Marta lächelte traurig.

„Ja. Aber manchmal fallen Dinge, damit etwas Neues wachsen kann."

Klara legte das Bild vor sich hin.

Dann schrieb sie mit Bleistift auf die Rückseite nur ein Wort:

„Warum?"

Und plötzlich spürte sie: Es war eine Frage, die nicht nur an ihre Mutter ging.

Der Garten hinter dem Haus

Ben war der Erste, der ihn entdeckte, aus reiner Langeweile. Oder Trotz.

Es war später Nachmittag, die Sonne stand tief, als er mit den Händen in den Hosentaschen ums Haus schlurfte. Er hatte keinen konkreten Plan. Wollte nur irgendwohin, wo niemand mit ihm redete. Die Gespräche im Inneren waren ihm zu dicht. Zu weich. Zu falsch.

Die Rückseite der Ferienwohnung wirkte wie vergessen. Hoher Farn wuchs an der Mauer, ein rostiges Gittertor hing schief in der Verankerung. Ben trat dagegen, halbherzig. Es quietschte, schwankte, und gab nach.

Hinter dem Tor:

Gras. Wild. Hoch.

Ein Beet, das längst keines mehr war. Stauden, die niemand mehr kannte. Ein Birnbaum mit knorrigen Ästen. Und dazwischen, Blumen. Einfach so. Gelb. Blau. Weiß.

Ungepflanzt. Ungeplant. Und doch wunderschön.

„Wow", murmelte er.

Zum ersten Mal seit Tagen sagte er ein Wort, das nicht zynisch war. Später standen sie alle dort. Paul hatte sich durch das Gestrüpp gearbeitet, Marta trug die Gartenschere, Klara ein altes Sitzkissen als Unterlage.

Niemand hatte damit gerechnet. Und vielleicht war es genau das, was es so besonders machte.

„Das ist ein Garten", sagte Marta leise.

„War mal einer", korrigierte Paul.

„Nein. Ist einer", sagte Klara. „Er wächst ja noch."

Sie kniete sich hin, strich über die Erde. Zwischen den Brennnesseln sprossen Veilchen. Jemand hatte hier irgendwann mal gesät. Und dann vergessen. Oder aufgegeben.

„Könnte man was draus machen", murmelte Paul.

Ben grinste. „Du meinst, es in ein Projekt verwandeln? Wie alles?"

Paul sah ihn an. Wollte etwas sagen. Sagte dann nichts.

Sie blieben den ganzen Nachmittag. Zupften vorsichtig, fegten altes Laub beiseite, entdeckten eine Gartenbank unter Moos.

Und irgendwann sagte Klara: „Vielleicht zeigt sich Leben am ehesten da, wo niemand mehr hinschaut."

Es war still danach. Aber nicht leer.

Marta lehnte sich an den Baum, schloss die Augen. In ihr klang etwas nach. Ein Vers. Eine Erinnerung. Etwas, das sagte: „Siehe, ich mache alles neu." Sie hatte ihn vergessen. Nicht gelöscht. Nur vergraben. Und jetzt... wuchs er wieder. Zart. Aber da.

Das Angebot des Verwandten

Er rief am Samstagmorgen an.

Paul nahm das Gespräch im Flur entgegen, zwischen Mantelhaken und Schuhstapeln. Klara hörte nur Wortfetzen, „Totalschaden… ja, komplett durch… Versicherung zieht sich…"

Als er wieder in die Küche trat, wirkte er, als hätte jemand ihm die Lösung für alles überreicht.

„Es gibt einen Ausweg", sagte er und klatschte die flache Hand auf den Tisch. „Thomas will uns das Haus abkaufen. Komplett. Mit Grundstück. Zum Marktwert. Er sucht seit Jahren ein Projekt, das er entwickeln kann, jetzt will er es aufziehen: neu bauen, modern, nachhaltig. Und das Beste? Wir können die obere Etage später zurückmieten."

Marta blinzelte.

„Thomas? Dein Cousin, der Architekt?"

„Er hat Kapital. Und Ideen. Und er hat gesagt, er kann sofort einsteigen, sobald wir den Notar einschalten."

Ben, der gerade Cornflakes aß, hob kaum den Blick.

„Also verkaufen wir unser Leben?"

„Wir retten es!", entgegnete Paul. „Sonst zahlen wir drauf. So haben wir die Chance auf ein modernes Zuhause. Vielleicht sogar mit Aufzug."

„Wozu brauchen wir einen Aufzug?" fragte Klara leise.

„Weil es vorangehen soll", sagte Paul. „Weil wir nicht in dieser… Bruchbude versauern müssen!"

Marta schwieg.

Sie stand auf, ging ans Fenster. Schaute hinaus in den Garten, der langsam Form annahm, weil sie gestern zum ersten Mal seit Jahren die Erde in den Händen gespürt hatte. Sie hörte Paul reden, die Zahlen, die Optionen, die Vorteile, aber es klang alles wie durch eine Glasscheibe.

„Ich weiß nicht, ob ich das will", sagte sie schließlich.

„Nicht wollen?" Paul lachte auf, ungläubig. „Du willst doch wohl kaum in dieser Ferienwohnung alt werden, oder?"

„Ich weiß nur nicht, ob wir einfach so wieder zurücksollten. Als wäre nichts gewesen."

„Es ist aber was gewesen. Genau deswegen müssen wir handeln."

Klara stand auf. „Was, wenn es nicht darum geht, zurückzuge-hen?"

Paul sah sie an. „Du bist vierzehn."

„Und du bist wütend. Das eine schließt das andere nicht aus."

Stille.

Am Abend saßen sie auf der kleinen Terrasse. Der Himmel war wolkenverhangen, aber mild. Marta hatte die Hände um eine Tasse Tee gelegt, Klara zeichnete in ihr Buch, Ben hörte Musik, ein Ohr-stöpsel nur halb eingesteckt. Paul saß etwas abseits, starrte auf sein Handy.

Dann sagte Marta, fast flüsternd: „Ich glaube, der Baum ist nicht nur gefallen, weil er alt war."

Paul hob den Blick. „Was meinst du?"

„Vielleicht… war es ein Schnitt. Damit wir neu schauen. Nicht zu-rück."

Er sagte nichts.

Aber er legte das Handy weg.

Der Streit

Es begann mit dem Wasserkocher.

Er funktionierte nicht. Oder nicht sofort. Marta drückte den Knopf, nichts passierte. Dann flackerte das kleine rote Licht, der Deckel sprang auf, und das Wasser spritzte über den Rand. „Verdammt!", fuhr sie auf, mehr zu sich selbst als zu jemand anderen.

Paul kam aus dem Schlafzimmer, zog sich die Jacke über. „Ich fahr gleich zu Thomas, wir gehen die ersten Pläne durch. Wenn wir das nächste Woche beim Notar festmachen, sind wir noch vor dem Winter im Bauprozess."

Marta sagte nichts. Wischte das Wasser auf. „Willst du mitkommen?" fragte er.

Sie hielt inne. „Wozu?"

„Weil es um unser neues Zuhause geht."

„Ich habe dir doch gesagt, dass ich nicht weiß, ob ich das will."

Paul stemmte die Hände in die Hüften. „Weißt du überhaupt, was du willst, Marta? Du blockierst alles. Erst willst du kein Hotel, jetzt kein neues Haus. Du klammerst dich an irgendwas, das längst weg ist."

„Ich klammere mich nicht", sagte sie leise, aber mit fester Stimme. „Ich höre nur endlich wieder hin."

„Worauf denn?"

„Auf das, was in mir still war. Viel zu lange."

Klara saß im Nebenzimmer und hielt den Atem an. Ben stand im Flur, mit der Hand auf der Türklinke, bewegte sich nicht.

Paul schüttelte den Kopf. „Ich versuch hier, uns zu retten. Ich baue Pläne. Ich kümmere mich. Und du redest von... Stille?"

„Ja, Paul!" Ihre Stimme brach jetzt. „Weil ich müde bin von deinen Plänen. Weil wir mehr brauchen als Wände! Ich will nicht zurück in ein Haus, das zwar neu ist, aber in dem wir genauso weiter aneinander vorbeileben wie vorher!"

Er sah sie an, als hätte sie ihn geohrfeigt. Dann lachte er bitter. „Du tust ja gerade so, als wäre ich der Feind."

Marta ließ die Arme sinken. „Du bist nicht der Feind. Du bist nur... so laut geworden, dass keiner mehr gehört wird."

Stille.

Dann trat Ben ein. „Hört ihr euch eigentlich zu? Oder redet ihr einfach nur gegeneinander?"

Paul wandte sich ab. Klara trat aus dem Nebenzimmer, trat neben Marta. Niemand sagte mehr etwas.

Am Abend saß Paul allein draußen, auf der Holzstufe vor dem Eingang. Es war kalt. Er hatte keinen Mantel geholt. Er dachte an das alte Haus. An den Baum. An das Gefühl, als er fiel.

Und zum ersten Mal fragte er sich: War ich froh über den Sturm? Es war ein erschreckender Gedanke. Aber er blieb.

Drinnen saß Marta auf dem Sofa, die Bibel auf dem Schoß. Sie schlug sie nicht auf. Aber ihre Hand lag darauf. Ruhig.

Und in ihrem Inneren, ganz tief, regte sich etwas. Ein Riss. Ein Spalt im alten Mauerwerk. Und durch ihn wehte ein Hauch. Nicht laut. Aber lebendig.

Nächtliches Lauschen

Es war kurz nach Mitternacht, als Klara sich aus dem Bett schälte.

Ben atmete ruhig auf der Matratze nebenan, das Licht unter seiner Kapuze blinkte schwach, wahrscheinlich schlief er mit laufender Playlist. Ihre Eltern schliefen im anderen Zimmer. Oder taten so.

Die Fenster standen einen Spalt offen. Die Nacht war kühl, aber nicht kalt. Ein leichter Wind bewegte die Vorhänge, als wollte er ihr etwas zuflüstern.

Klara nahm ihre Jacke, schlich sich durch den schmalen Flur und öffnete die Hintertür. Kein Geräusch im Haus. Nur das leise Knarren der Klinke, das sie mit angehaltenem Atem überging.

Draußen roch es nach feuchtem Gras und Rauch. Die Sterne standen hell über dem Garten, zwischen zwei Wolkenfeldern, die sich zögerlich voneinander lösten.

Sie setzte sich auf die alte Gartenbank, zog die Knie an und ließ den Kopf in den Nacken sinken.

Warum ist der Baum gefallen?

Die Frage kam nicht als Vorwurf. Eher wie eine Bitte um Erklärung.

Klara hatte keine Worte. Nur dieses dumpfe Ziehen in der Brust, das sich ausbreitete, wenn sie an das alte Haus dachte. An das Knacken der Balken. An das Foto mit der Kirche. An das kleine Kreuz, das sie neulich neben die Wurzel in ihrer Zeichnung gesetzt hatte, ohne zu wissen, warum.

Sie blickte in den Himmel.

„Wenn du da bist…"

Ihre Stimme war brüchig. Leise.

„...kannst du mir irgendwie zeigen, dass das nicht alles sinnlos ist?"

Dann schwieg sie wieder.

Kein Echo. Kein Sternschnuppenspektakel. Kein Engel, der neben ihr auf der Bank Platz nahm. Nur das Zirpen einer Grille. Das Knacken eines Astes. Und der Wind, der ihr eine Haarsträhne aus dem Gesicht blies.

Und doch... war da etwas. Etwas, das nicht „antwortete", aber blieb. Wie ein Zuhören. Wie ein Dasein.

Klara atmete langsam aus. Ihre Hände lagen ruhig im Schoß. Sie wusste nicht, ob sie betete. Aber es fühlte sich so an. Vielleicht braucht es keine richtigen Worte. Vielleicht reicht es, da zu sein, ehrlich, offen, und still genug, um zu hören.

Als sie wieder ins Haus zurückging, schien die Luft klarer geworden zu sein. Im Schlafzimmer legte sie sich zurück aufs Bett. Ben hatte sich zur Seite gedreht, murmelte etwas im Schlaf. Klara schloss die Augen. Und dachte: Vielleicht hat mich jemand gehört.

Der geplatzte Traum

Das Telefonat dauerte weniger als fünf Minuten.

Paul hatte sich im Garten hinter das Haus zurückgezogen, das Handy ans Ohr gepresst, die Stirn in Falten. Marta sah ihn von der Küche aus. Sie wusste es, bevor er zurückkam. Sie wusste es am Klang seiner Schultern.

Als er wieder ins Haus trat, war sein Blick leer.

„Thomas steigt aus", sagte er.

Die Worte fielen schwer, als müsste er sie durch einen engen Spalt pressen.

„Er hat Rücklagen verloren. Eine Investition ist geplatzt. Er kann das Haus nicht kaufen."

Marta nickte nur. Kein Triumph. Kein „Ich hab's dir gesagt". Nur ein leises Einverständnis mit der Wirklichkeit. Paul ließ sich auf den Küchenstuhl sinken, als wäre er nicht enttäuscht, sondern... erschöpft.

„Ich dachte, das wäre unser Weg raus", murmelte er.

„Vielleicht war es das nicht", sagte Marta sanft.

Er schüttelte den Kopf. „Ich hab alles durchgerechnet. Ich hatte Pläne. Alles war klar."

„Und trotzdem…", flüsterte sie. Sie legte ihm die Hand auf den Unterarm. „...ist es anders gekommen."

Den Rest des Tages sprach Paul kaum. Er ging im Garten auf und ab, riss Unkraut aus mit einer Härte, die mehr mit ihm selbst zu tun hatte als mit den Pflanzen.

Klara beobachtete ihn eine Weile durchs Fenster. Dann sagte sie leise zu ihrer Mutter: „Er hat gedacht, er kann es reparieren. Alles."

„Ja", antwortete Marta.

„Und jetzt?"

„Jetzt muss er vielleicht lernen, dass nicht alles heil wird. Aber neu."

Am Abend saß Paul allein auf der Bank hinter dem Haus. Der Himmel färbte sich lila, irgendwo bellte ein Hund. Er hatte die Bibel in der Hand, nicht offen, nur in der Hand. Klara hatte sie ihm still hingelegt. Einfach so.

Er hatte nichts gesagt. Nur genickt.

Jetzt saß er damit da, als wüsste er nicht, was man mit so etwas macht. Als wäre es ein Werkzeug ohne Gebrauchsanweisung. „Was soll man mit einem Buch anfangen, das nicht plant, sondern vertraut?", murmelte er.

Dann lachte er leise. Bitter. „Ich bin kein Mann für loses Vertrauen. Ich will Fakten. Ergebnisse."

Er schlug das Buch trotzdem auf. Blätterte. Bis ein Satz ihn stoppte. „Vertraue auf den HERRN von ganzem Herzen und verlass dich nicht auf deinen Verstand;" (Sprüche 3,5)

Er las es. Noch einmal. Dann legte er das Buch auf die Bank neben sich. Schloss die Augen. Und sagte nichts. Aber in seinem Schweigen war mehr Gebet als in all seinen Plänen zuvor.

Eine fremde Stimme

Ben hatte keinen Einkaufszettel.

Er war einfach losgegangen, weil er rausmusste. Die Wohnung war zu eng, das Schweigen der Eltern zu laut, und Klara sah ihn in letzter Zeit an, als würde sie Dinge spüren, die er selbst nicht fühlen wollte.

Der kleine Dorfladen war nur zehn Minuten entfernt. Schiefe Fenster, eine altmodische Glocke über der Tür, Regale mit zu vielen Produkten auf zu wenig Platz. Die Kassiererin grüßte mit einem Lächeln, das aufrichtig wirkte.

Ben schnappte sich eine Packung Kekse, eine Dose Cola, ließ die Finger über ein Regal mit Grußkarten gleiten, irgendetwas wollte er kaufen, nur um nicht mit leeren Händen heimzukommen.

„Suchst du was Bestimmtes?"

Die Stimme kam von der Seite. Ein alter Mann stand dort. Gehstock, Wollmütze, Mantel, der sicher älter war als Ben selbst.

„Nicht wirklich", antwortete Ben.

Der Mann nickte langsam. „Manchmal findet einen das Richtige, wenn man es gar nicht gesucht hat."

Ben wollte nicht reden. Und doch blieb er stehen. „Sturm gehabt?" fragte der Alte und deutete auf das leicht zerbeulte Fahrrad, das Ben draußen gegen den Zaun gelehnt hatte.

Ben zuckte mit den Schultern. „Baum. Haus kaputt."

Der Mann nickte wieder, wie jemand, der das Leben nicht mehr erklären muss, weil er es kennt. „Vielleicht", sagte er, „braucht der neue Baum erst einen Sturm, bevor er wachsen kann."

Ben runzelte die Stirn. „Wie meinen Sie das?"

„Ein junger Baum kämpft sich durch die Erde. Aber er wird erst dann stark, wenn der Wind ihn zwingt, Wurzeln zu schlagen."

Sie sahen sich an. Lange. Ben spürte, wie sein Herz etwas schneller schlug. Nicht, weil er Angst hatte. Sondern weil er plötzlich das Gefühl hatte, dass diese Worte nicht zufällig zu ihm gekommen waren.

„Kennen wir uns?" fragte er.

Der Mann lächelte.

„Noch nicht. Aber vielleicht begegnet man sich ja manchmal nicht zum ersten Mal, sondern zum richtigen." Dann drehte er sich um und ging. Langsam. Schritt für Schritt. Ohne sich umzusehen.

Ben stand da. Noch eine Weile. Die Kekse in der Hand. Der Kopf voller Fragen. Und etwas in ihm, ganz leise, sagte: Das war wichtig. Er wusste nicht warum. Noch nicht. Aber er fühlte, dass etwas in Bewegung war.

Das Lied in der Küche

Das Wasser rauschte, leise.

Die Teller klirrten gegeneinander, während Marta sie vorsichtig ins Abtropfgitter stellte. Es war später Nachmittag, ein müder Tag voller grauer Gedanken. Nichts Besonderes. Und gerade deshalb bemerkte es niemand sofort, als sie zu summen begann.

Es war leise. Unaufdringlich. Ein paar Töne nur, kaum hörbar. Aber sie waren da.

Klara, die am Küchentisch saß und in ihr Skizzenbuch kritzelte, hielt inne. Ihre Hand blieb in der Luft stehen.

Ben, der gerade aus dem Flur kam, zog die Kopfhörer halb vom Ohr.

Paul drehte sich um, von seinem Platz am Fenster.

Sie alle hörten es.

Marta stand da, die Hände im Spülwasser, und sang. Ohne es zu merken.

„...Bleib bei mir, Herr, der Abend bricht herein..."

Die Melodie war alt. Sanft. Tief aus einer anderen Zeit. Ihre Stimme war nicht laut, nicht einmal besonders schön. Aber sie hatte etwas Reines. Etwas Echtes.

Paul räusperte sich. Marta zuckte zusammen, als würde sie erst jetzt merken, dass sie gesungen hatte. „Tut mir leid. Ich... das kam einfach."

„Was war das?" fragte Klara.

Marta legte den Schwamm zur Seite, schüttelte Wasser von den Händen. „Ein Lied aus meiner Kindheit. Meine Großmutter hat es immer gesungen, wenn sie im Garten gearbeitet hat. Ich hab es seit Jahren nicht mehr gehört. Oder gedacht, ich hätte es vergessen."

„Aber du hast es nicht vergessen", sagte Ben leise.

Marta lächelte. Und in diesem Lächeln lag etwas, das Klara so lange nicht mehr gesehen hatte: Wärme. Nicht gespielt. Nicht müde. Sondern lebendig. „Vielleicht lebt mehr in uns, als wir glauben", sagte sie.

Keiner antwortete. Aber niemand wandte sich ab. Klara kritzelte einen neuen Satz in ihr Skizzenbuch. Drei Worte nur: „Etwas atmet wieder."

Fund im Keller

Paul hatte sich vorgenommen, „endlich mal Ordnung" in den alten Kisten zu bringen.

Die Ferienwohnung hatte einen kleinen, muffigen Keller, kaum mehr als ein Lagerraum. Irgendjemand hatte dort Werkzeug, Farbeimer und vergilbte Umzugskartons zurückgelassen. Seit Tagen redete er davon, ihn aufzuräumen. Jetzt hatte er tatsächlich angefangen.

Es war kalt. Die Glühbirne flackerte, bevor sie ansprang. Der Boden war feucht, an den Wänden haftete ein Geruch aus längst vergangenen Jahren.

Paul ging systematisch vor, wie immer. Eine Kiste nach der anderen. Meist nur Müll. Alte Zeitungen, leere Flaschen, ein Stapel Postkarten mit verblasster Schrift.

Dann stieß er auf einen kleinen Karton mit der Aufschrift „P.H." Er runzelte die Stirn. Das waren seine eigenen Initialen.

Er öffnete den Deckel. Darin: alte Dokumente, ein Schraubenzieher, ein rostiger Kompass, und ein Briefumschlag. Abgegriffen. Vorne stand mit schwarzem Füller geschrieben: „Für Paul, wenn du alt genug bist."

Seine Kehle zog sich zusammen. Es war die Handschrift seines Vaters. Den Brief hatte er nie gesehen. Oder… nie beachtet?

Er setzte sich auf die unterste Stufe der Kellertreppe, den Umschlag in der Hand. Zögerte. Dann öffnete er ihn. Die ersten Zeilen waren wie ein Schlag.

„Lieber Paul,

falls du diesen Brief irgendwann liest, bin ich vielleicht nicht mehr da. Vielleicht bist du inzwischen Vater geworden. Vielleicht trägst du Verantwortung. Ich schreibe dir nicht, um dir zu sagen, was du tun sollst. Sondern, um dir zu sagen, dass du nicht alles allein tragen musst."

Paul las weiter. Vom Druck, immer stark sein zu wollen. Von der Illusion, alles planen zu können. Von Zweifeln. Von Nächten ohne Schlaf. Und dann:

„Ich habe lange gebraucht, um zu verstehen, dass Vertrauen nicht Schwäche ist. Sondern Mut.

Es war Gott, der mich gehalten hat, als ich selbst nicht mehr konnte.

Nicht Religion. Nicht Kirchenbesuch.

Sondern einfach… Er."

Paul hielt inne. Sein Herz klopfte zu laut für den kleinen Raum. Er wollte lachen. Oder schreien. Oder den Brief zerreißen. Aber seine Hände zitterten. Er las den letzten Satz noch einmal. Langsam. Wort für Wort.

„Wenn du irgendwann einmal fällst, glaub mir, Paul: Es gibt einen, der dich auffängt. Auch wenn du ihn noch nicht kennst."

Er legte den Brief auf seinen Schoß. Starrte auf die vergilbten Buchstaben. Dann schloss er die Augen.

Und da war etwas.

Kein Gefühl, das er benennen konnte. Keine Erleuchtung. Kein Frieden. Aber eine Ahnung. Von Tiefe. Von Wurzeln, die nicht von ihm selbst kamen.

Der Rückzug

Es war, als hätte jemand die Verbindung gekappt.

Nach dem Brief im Keller, nach dem Lied in der Küche, nach dem gescheiterten Hausverkauf, zog sich jeder in seine eigene kleine Insel zurück.

Paul sprach kaum noch. Er stand früh auf, ging spazieren, kam zurück mit leerem Blick und leeren Händen. Manchmal schloss er sich im Schlafzimmer ein, angeblich um zu telefonieren. Aber Marta hörte keine Stimme hinter der Tür.

Marta selbst war still geworden. Nicht schweigsam, sondern in sich versunken. Sie spülte. Räumte auf. Schrieb Listen, die sie wieder wegwarf. Manchmal starrte sie minutenlang auf den Bibelvers, den sie sich abgeschrieben hatte. Ohne ihn zu lesen. Nur so.

Ben verschwand stundenlang mit dem Fahrrad, ohne Ziel. Kam abends zurück mit Schlamm an den Hosen und dieser Mischung aus Trotz und Müdigkeit in den Augen.

„Wo warst du?"

„Draußen."

Mehr kam nicht.

Klara schrieb. Seitenweise. Nicht in ihrem Skizzenbuch, sondern in einem alten Schulheft, das sie im Regal gefunden hatte. Sie schrieb Fragen. Sätze ohne Punkt. Manchmal nur einzelne Wörter.

Warum. Wo bist du. Zeig dich. Bitte nicht weggehen. Sie legte das Heft abends unter ihr Kissen, wie ein Geheimnis, das sie nicht mit ihren Eltern teilen konnte, noch nicht.

Die Gespräche wurden kürzer. Die Blicke ausweichender. Die Luft in der Wohnung dichter. Und mitten in diesem Nebel geschah das, was niemand wahrnahm:

Gott arbeitete.

Nicht laut. Nicht mit großen Gesten. Sondern leise. In winzigen Rissen. In dem Moment, wenn Marta nachts die Hände faltete, ohne es zu merken.

In Pauls Griff um den Brief seines Vaters, den er nun in der Manteltasche trug.

In Bens Gedanken an den alten Mann mit der Wollmütze.

In Klaras Worten, die immer mehr nach Vertrauen klangen, obwohl sie voller Zweifel waren.

Etwas arbeitete sich durch das Erdreich ihrer Herzen. Tastete sich vorsichtig durch die Härte. Spross. Unaufhaltsam. Aber keiner sprach es aus. Noch nicht.

Die Einladung

Es war ein Mittwoch.

Klara saß auf der Holzstufe vor dem Haus, das Heft auf den Knien, der Stift in der Hand. Die Sonne tastete sich durch die Wolken, wärmte ihre Schultern nur zaghaft. Aus dem Garten hörte man das Summen einer einzigen Biene, die sich verirrt hatte. Alles war still. Ein bisschen zu still.

Da kam er den Weg entlang. Ein Junge. Vielleicht fünfzehn, schlaksig, mit einer Mütze auf dem Kopf, obwohl es gar nicht kalt war. Er schob sein Fahrrad, das einen platten Vorderreifen hatte, und trug einen Stoffbeutel über der Schulter. Als er Klara sah, blieb er stehen.

„Hi", sagte er.

Sie hob den Blick, blinzelte. „Hi."

Er zeigte auf das Haus. „Ihr seid neu, oder?"

„Ja. Übergangsweise."

Er nickte. „Ich bin David. Ich wohn da hinten, beim alten Hof."

Stille. Er schien kurz zu zögern, dann fummelte er an seinem Beutel, zog einen zerknitterten Handzettel heraus und hielt ihn ihr hin.

„Ich weiß, das ist vielleicht komisch, aber... wir machen da was. Am Freitag. Bei uns in der Scheune. Also... 'ne Aktion von der Gemeinde. Musik. Essen. Nichts Großes. Aber irgendwie... schön."

Klara nahm den Zettel. Ein handgemaltes Plakat, fotokopiert. „Gartenlicht – ein Abend zum Durchatmen." Darunter: Musik, Gemeinschaft, Lichter, Impuls. Keine Predigt. Keine Pflicht. Keine Kirchenbank.

„Ich weiß nicht, ob ich darf", sagte sie.

David zuckte mit den Schultern. „Kannst ja fragen. Oder einfach kommen. Ist nicht schlimm, wenn du's nicht magst."

Er nahm wieder sein Rad und schob es langsam weiter den Weg entlang. „Manchmal hilft's, wenn man nicht allein ist", rief er noch über die Schulter. Dann war er weg.

Klara schaute lange auf den Zettel.

„Gartenlicht", was für ein merkwürdiges Wort. Und doch... war da etwas daran, das sie nicht mehr losließ.

Am Abend legte sie den Zettel wortlos neben den Teller. Marta sah ihn.

„Was ist das?"

„Ein Junge aus dem Dorf hat mich eingeladen. Freitagabend. Irgendwas mit Musik. Kein Gottesdienst. Nur Lichter. Und Leute."

„Willst du gehen?"

Klara zuckte die Schultern. „Ich weiß nicht. Vielleicht."

Marta nickte. „Dann geh."

Es war keine Erlaubnis. Es war ein Zuspruch.

Und Klara spürte: Vielleicht wuchs da etwas. Ein kleiner Samen. Noch unscheinbar. Aber lebendig.

Ein Gebet ohne Worte

Die Scheune lag etwas abseits, hinter dem alten Hof mit den Apfelbäumen.

Klara hatte lange überlegt, ob sie wirklich gehen sollte. Aber irgendetwas in ihr, nicht laut, nicht drängend, eher wie ein Ziehen im Innersten, hatte sie aufbrechen lassen. Marta hatte ihr wortlos die Jacke gereicht. Paul hatte nichts gesagt. Ben hatte sie nur angeschaut, als wolle er fragen: Warum du?

Sie hatte keine Antwort.

Als sie ankam, war es schon dämmrig. Kleine Lichterketten hingen über dem Eingang, brannten weich. In der Luft lag der Geruch von Stroh und Tee. Kinderstimmen. Lachen. Gitarrenklänge. Kein Lautsprecher, kein Lautsein. Nur... Wärme.

David winkte ihr. Sie setzte sich zu ihm und ein paar anderen Jugendlichen auf Heuballen. Einer spielte Gitarre, ein Mädchen sang mit einer Stimme, die zitterte und deshalb so echt klang.

„Du musst nicht mitsingen", flüsterte David. „Kannst auch einfach nur zuhören."

Klara nickte. Und sie hörte. Nach einer Weile wurde es still in der Scheune. Die Lichter blieben an, aber niemand redete mehr. Einer der Jugendlichen, vielleicht zwei Jahre älter als sie, trat nach vorn.

„Es gibt Zeiten, da reicht es nicht, zu reden", sagte er ruhig. „Dann muss man einfach nur... da sein. Zusammen. Und offen."

Er machte eine kurze Pause. „Wenn ihr wollt, könnt ihr euch einen Moment nehmen. Für euch. Für das, was ihr vielleicht niemandem sagen könnt. Für das, was nur ihr und... ja, vielleicht Gott, wissen."

Dann trat er zurück. Kein Gebet. Kein Appell. Nur Stille.

Klara saß da. Auf dem Heuballen. Die Hände im Schoß. Die Stirn gesenkt. Und plötzlich war da ein Druck in ihrer Brust. Kein Schmerz, eher eine Welle. Warm. Schwer. Wahr. Und ohne zu wissen, warum, liefen ihr Tränen über die Wangen.

Langsam. Lautlos. Nicht aus Traurigkeit. Sondern aus Berührung. Sie wusste nicht, an wen sie dachte. Oder ob sie überhaupt dachte. Aber sie war da. Und sie spürte, dass jemand anderes auch da war.

Kein Blitz. Kein Ruf. Kein Wunder. Nur ein Gebet, ohne Worte. Nur ein Herz, das sich öffnete. Und eine Stille, die nicht leer war, sondern gefüllt mit einem Hauch von… Ewigkeit.

Als sie später durch die kühle Nacht zurückging, roch ihre Jacke nach Heu. Und in ihrem Innersten brannte ein kleines Licht. Noch flackernd. Aber da.

Wenn Wurzeln sich tasten

Am nächsten Morgen war der Himmel klar. Zum ersten Mal seit Tagen.

Das Frühstück war schlicht: altes Brot, Rührei, Tee. Niemand sprach viel, aber die Stille war nicht mehr dieselbe. Sie war weicher. Offener.

Klara stocherte mit der Gabel im Ei, hob dann plötzlich den Kopf. „Gestern war schön."

Paul blinzelte. „Wo warst du überhaupt?"

„Bei dieser Gartenlicht-Aktion. In der Scheune vom Nachbarsjungen. Musik. Lichter. Keine Predigt. Einfach... still."

Marta sah sie lange an. „Hat es dir gutgetan?"

Klara nickte. „Ich hab geweint", sagte sie dann.

„Warum?" fragte Ben.

Klara überlegte. „Ich weiß es nicht genau. Es war, als würde jemand mich sehen. Ganz ruhig. Ohne etwas zu wollen. Nur... da."

Stille.

Paul trank einen Schluck Tee. Dann: „Ich hab gestern einen Vers gelesen. In dem Brief von meinem Vater. Also... der Bibelvers. Er sagte, man soll sich nicht auf den eigenen Verstand verlassen."

„Und?" fragte Ben.

„Ich weiß nicht, ob ich das kann. Aber ich hab's gelesen. Und ich hab nicht gleich widersprochen. Das ist... neu."

Klara lächelte schwach. „Vielleicht reichen solche ersten Wurzeln ja."

Ben verzog das Gesicht, als wollte er widersprechen. Aber dann sagte er nur: „Ich weiß nicht, ob ich an Gott glaube. Aber manchmal... wünsch ich mir, dass da jemand zuhört."

„Vielleicht ist das schon Glauben", murmelte Marta.

Sie alle schwiegen. Aber diesmal war es ein geteiltes Schweigen. Kein Abbruch. Kein Rückzug. Eher wie ein Atemholen. Ein stilles Tasten. Nach Worten. Nach Vertrauen. Nach etwas, das größer ist als sie selbst.

Und obwohl niemand das Gespräch beendet hatte, standen sie nacheinander auf, nicht fluchtartig, sondern in Frieden.

Klara blieb als Letzte sitzen. Sie kritzelte einen Satz in ihr Heft: „Vielleicht sind Wurzeln nur fühlbar. Nicht sichtbar."

Dann legte sie den Stift zur Seite. Und atmete ein bisschen tiefer als sonst.

Der junge Baum

Der Morgen war weich.

Nicht spektakulär, kein dramatischer Sonnenaufgang, nur dieses leise, freundliche Licht, das sagt: Heute könnte etwas Neues beginnen.

Ben hatte den Spaten geholt. Ohne Kommentar.

Paul trug eine kleine Schaufel. Marta hatte eine Gießkanne gefüllt. Klara kam zuletzt, mit dem jungen Baum im Arm. Ein Apfelbäumchen, kaum kniehoch, aus einer nahegelegenen Gärtnerei, still und unscheinbar, wie alles Bedeutende am Anfang.

„Wollt ihr wirklich?", fragte Paul.

„Ich weiß nicht, ob es hilft", sagte Marta. „Aber es schadet auch nicht."

Ben grinste. „Wow. Voll der Glaube."

„Vielleicht ist genau das Glaube", sagte Klara.

Sie lachten leise. Gemeinsam. Zum ersten Mal seit Langem klang es nicht gezwungen.

Hinter dem Haus, dort wo die Sonne den Garten berührte, gruben sie das Loch. Die Erde war schwer, noch vom Regen durchtränkt, aber darunter krümelig und warm.

Paul hob den ersten Spatenstich. Dann Ben. Marta reichte die Wurzeln an. Klara hielt das Bäumchen, während es gesetzt wurde.

Sie alle knieten im Gras, die Hände schmutzig, die Stirn glänzend. Niemand sprach von Symbolen oder Bedeutungen. Und doch war alles darin. Als der Baum stand und die Erde wieder um seinen Fuß gedrückt war, trat Klara einen Schritt zurück.

Sie sah ihn lange an. „Vielleicht wächst das, was wir nicht sehen", sagte sie.

Paul legte den Spaten zur Seite. „Und vielleicht bleibt es stehen, auch wenn's stürmt."

„Oder gerade dann", fügte Marta hinzu.

Sie standen schweigend um das Bäumchen. Nicht wie vor einem Denkmal. Eher wie vor etwas, das beginnen will, das still ist, aber lebendig.

Ein Windzug fuhr durch die Äste. Nur ein Hauch. Aber er war da. Und tief in der Erde, das spürte niemand, und doch wussten sie es, begannen die ersten Wurzeln, sich zu tasten.

Abschied vom Alten

Sie fuhren an einem Sonntag.

Es war Pauls Idee gewesen, aber niemand hatte widersprochen. Kein großes „Lasst uns fahren", kein feierlicher Ton. Nur ein leiser Impuls, der langsam in allen gewachsen war.

Es ist Zeit.

Die Straße zum alten Haus kannten sie im Schlaf. Und doch wirkte alles fremd. Die Häuser wirkten kleiner. Die Gärten ordentlicher. Als hätten sie sich verändert oder sie selbst.

Das Haus stand still. Abgesperrt, eingerüstet, leer. Der große Baum war längst abtransportiert. Nur ein nackter Stumpf war übrig, ausgefranst, morsch.

Ein paar Balken ragten schief aus dem Dach, Fenster waren notdürftig mit Holzplatten vernagelt. Das Zuhause war nur noch eine Hülle.

Klara stieg als Erste aus. Sie ging zum Gartenzaun, legte die Hand auf das verwitterte Holz. „Er war größer, als ich dachte", sagte sie leise.

Marta nickte. „Vielleicht war er nicht der, der uns gehalten hat. Nur der, den wir dafür gehalten haben."

Paul trat durch die Tür, die nur angelehnt war. Drinnen roch es nach Staub, nach feuchtem Putz, nach vergangenen Gesprächen.

Er ging in den Flur, der einst nach Leben geklungen hatte. Tritte, Stimmen, Lachen. Jetzt war da nur noch Echo. Er bückte sich, hob einen kleinen Stein vom Boden auf, grau, glatt, vom Fensterbrett gefallen. Steckte ihn in die Jackentasche. Nicht aus Sentimentalität. Sondern weil es richtig war.

Ben trat ins Wohnzimmer. Oder das, was davon übrig war. Er griff nach einem Stück Holz, abgebrochen, geschwärzt, aber fest. „Für ein Lagerfeuer", sagte er.

„Fürs Erinnern", erwiderte Klara.

Marta stand in der Tür. Ihre Augen glitten über die Reste, nicht mit Wehmut, sondern mit einem stillen Einverständnis. „Wir kommen nicht zurück", sagte sie.

Nicht als Frage. Nicht als Bitte. Als Gewissheit.

Paul nickte.

Langsam. „Das hier war ein Ort. Aber nicht mehr unser Zuhause."

Bevor sie gingen, stellte Klara den Stein, den Paul gefunden hatte, auf den Stumpf des gefällten Baumes. Daneben legte sie das Holzstück von Ben. Dann trat sie einen Schritt zurück. „Damit wir nicht vergessen, wo wir losgelassen haben."

Sie drehten sich um. Und gingen. Ohne Rückblick. Aber mit etwas, das sich leicht anfühlte. Wie ein Schultern, das nicht mehr trägt, was es nicht mehr muss.

Wo das Leben hinführt

Der Entschluss kam nicht über Nacht.

Er kam langsam, still, fast unspektakulär, wie das Blühen der ersten Knospen nach einem langen Winter.

Es war Marta, die es zuerst aussprach. Sie stand am Küchenfenster, schaute hinaus in den Garten, wo der kleine Apfelbaum sich leicht im Wind bewegte. „Ich glaube… ich will bleiben."

Paul sah von der Zeitung auf. „Wie meinst du das?"

„Hier. In der Gegend. Nicht zurück. Nicht woanders hin. Nicht wieder neu hetzen." Sie drehte sich zu ihm um. „Ich bin müde vom Ziehen und Zerren. Aber hier, ich atme wieder."

Klara, die am Tisch saß und schrieb, hob den Blick.

Ben lehnte im Türrahmen, einen Apfel in der Hand.

Niemand lachte. Niemand widersprach.

„Ich hätte nie gedacht, dass man ankommen kann, ohne es geplant zu haben", sagte Paul schließlich.

Die nächsten Wochen waren erfüllt von kleinen Schritten. Sie sprachen mit der Cousine. Sie fanden ein einfaches, renovierungsbedürftiges Häuschen ein paar Straßen weiter, nicht schön, nicht groß, aber mit Licht im Flur und einer alten, krummen Birke vor dem Fenster.

Paul kalkulierte nicht mehr alles bis ins Kleinste. Er ließ Lücken im Plan. Raum für Überraschung.

Marta sortierte Kisten mit Ruhe, nicht mit Pflicht.

Ben streichte sein neues Zimmer selbst, in dunklem Grün.

Und Klara malte ein Bild vom Apfelbaum. Diesmal nicht als Silhouette. Sondern mit Licht zwischen den Zweigen.

An einem Sonntagnachmittag saßen sie auf der Terrasse ihres neuen Hauses. Der Garten war noch wild. Die Möbel alt. Aber es war Frieden da.

„Weißt du, woran ich denke?", fragte Klara.

„Woran?", sagte Marta.

„Dass Gott vielleicht nicht immer dorthin führt, wo alles perfekt ist. Sondern dorthin, wo wir Wurzeln schlagen können."

Paul nickte langsam. „Wo das Leben hinführt, ist selten da, wo man es hinplant."

Ben grinste. „Aber manchmal genau da, wo man es braucht."

Sie saßen im Schatten der alten Birke. Und keiner fragte nach dem alten Haus. Denn das Neue war nicht größer. Aber echter. Tiefer. Verwurzelt.

Wo Gott leise spricht

Es war einer dieser Abende, an denen das Licht nicht unterging, sondern langsam verweilte.

Der Himmel war weich, fliederfarben, und das Gras raschelte leise im Wind, als würde es mitatmen. Die Familie saß im Garten. Keine Musik. Kein Gespräch. Kein Anlass, und genau deshalb war es besonders.

Marta hatte sich einen Stuhl in die Sonne gezogen. Ben lag auf einer Decke, die Hände hinter dem Kopf. Paul saß auf der alten Gartenbank, die er eigenhändig abgeschliffen hatte. Und Klara hockte im Gras, barfuß, das Heft aufgeschlagen im Schoß.

Sie schaute kurz auf. Dann schloss sie die Augen. Und sprach. Nicht laut. Nicht feierlich. Nur so, wie man spricht, wenn niemand etwas erwartet, außer vielleicht ein Echo, das nicht aus dem eigenen Inneren kommt.

„Danke… dass wir gefallen sind.

Weil es Raum geschaffen hat.

Danke… für das Neue, das wachsen darf.

Danke, dass du da bist.

Auch wenn wir dich nicht sehen.

Auch wenn wir zweifeln.

Auch wenn wir manchmal weglaufen.

Danke, dass du bleibst."

Sie öffnete die Augen. Niemand klatschte. Niemand kommentierte. Aber Paul sah sie an. Lange. Und sagte dann nur diesen einen Satz: „Vielleicht fangen wir heute an, richtig zu leben."

Der Wind fuhr durch den Baum. Ein Blatt löste sich, segelte zu Boden, ganz leicht. Die Sonne sank tiefer, berührte die Erde wie ein Versprechen.

Und irgendwo in der Stille, kaum hörbar, aber ganz gewiss, sprach Gott. Nicht laut. Nicht sichtbar. Aber so, wie nur er es kann: Leise. Und mitten ins Herz.

ENDE

Die Schriftrolle im Schattenwald

Softcover   978-3-384-58907-1
Hardcover   978-3-384-58908-8
E-Book   978-3-384-58909-5

Was, wenn du im Wald eine Truhe findest, und darin liegt kein Schatz, sondern eine Erinnerung, die dein Leben verändert?

Im 15. Jahrhundert entdeckt der junge Elias im Dorf Wilhelmshagen eine rätselhafte Schriftrolle. Was wie ein Zufall beginnt, wird zu einer Reise ins Herz des Glaubens.

Ein stiller Roman über Wahrheit, Versuchung und das Licht, das bleibt, auch wenn es verborgen scheint.

Für alle, die wissen: Gottes Wort ist lebendig.

Jetzt lesen – überall im Buchhandel erhältlich!

Leben mit Gott (Band 1)
Wenn der Himmel leise spricht

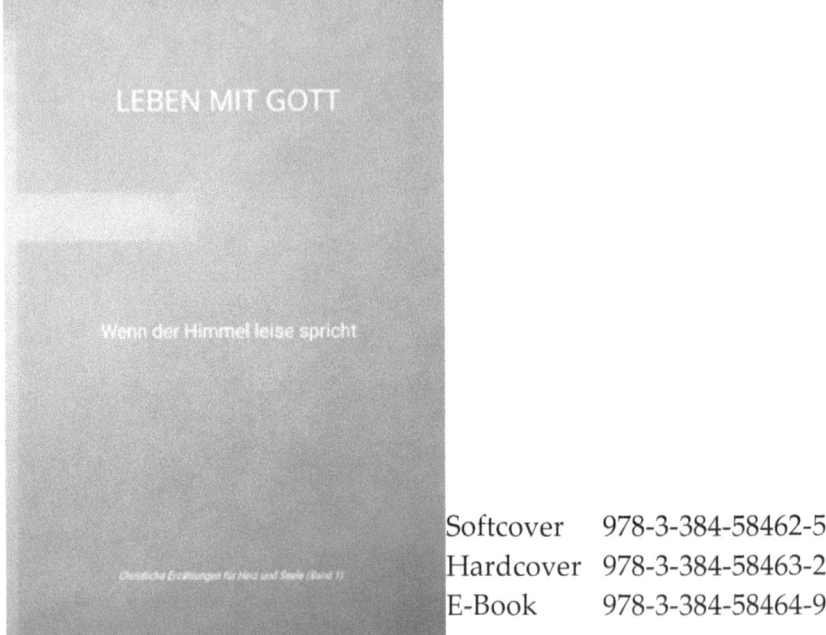

Softcover   978-3-384-58462-5
Hardcover   978-3-384-58463-2
E-Book   978-3-384-58464-9

Vier Geschichten. Vier Menschen. Und ein Gott, der sich nicht aufdrängt, aber da ist.

Ein Lotto-Gewinn wirft Zweifel auf.

Ein Waschsalon wird zum Ort des Trosts.

Ein Teenager sendet Sprachnachrichten an Gott.

Ein alter Schal birgt ein vergessenes Gebet.

Ehrlich, leise, mitten aus dem Leben: Diese Erzählungen erzählen nicht von Religion, sondern von Begegnung. Für alle, die sich nach mehr sehnen.

Jetzt lesen – überall im Buchhandel erhältlich!

Zeitfracht Medien GmbH
Ferdinand-Jühlke-Straße 7
99095 Erfurt, Deutschland
produktsicherheit@kolibri360.de